杰出人物

发明巨匠

发明天工与创造英才

肖东发 主编　罗 洁 编著

中国出版集团
现代出版社

图书在版编目（CIP）数据

发明巨匠 / 罗洁编著. — 北京：现代出版社，
2014.11（2020.01重印）
　（中华精神家园丛书）
　ISBN 978-7-5143-3042-7

Ⅰ. ①发… Ⅱ. ①罗… Ⅲ. ①发明家－生平事迹－中国－古代 Ⅳ. ①K826.1

中国版本图书馆CIP数据核字(2014)第259249号

发明巨匠：发明天工与创造英才

总 策 划： 陈 恕
主　　编： 肖东发
作　　者： 罗 洁
责任编辑： 王敬一
出版发行： 现代出版社
通信地址： 北京市定安门外安华里504号
邮政编码： 100011
电　　话： 010-64267325 64245264（传真）
网　　址： www.1980xd.com
电子邮箱： xiandai@cnpitc.com.cn
印　　刷： 山东省东营市新华印刷厂
开　　本： 710mm×1000mm　1/16
印　　张： 11
版　　次： 2015年4月第1版　2020年1月第3次印刷
书　　号： ISBN 978-7-5143-3042-7
定　　价： 40.00元

党的十八大报告指出："文化是民族的血脉，是人民的精神家园。全面建成小康社会，实现中华民族伟大复兴，必须推动社会主义文化大发展大繁荣，兴起社会主义文化建设新高潮，提高国家文化软实力，发挥文化引领风尚、教育人民、服务社会、推动发展的作用。"

我国经过改革开放的历程，推进了民族振兴、国家富强、人民幸福的中国梦，推进了伟大复兴的历史进程。文化是立国之根，实现中国梦也是我国文化实现伟大复兴的过程，并最终体现为文化的发展繁荣。习近平指出，博大精深的中国优秀传统文化是我们在世界文化激荡中站稳脚跟的根基。中华文化源远流长，积淀着中华民族最深层的精神追求，代表着中华民族独特的精神标识，为中华民族生生不息、发展壮大提供了丰厚滋养。我们要认识中华文化的独特创造、价值理念、鲜明特色，增强文化自信和价值自信。

如今，我们正处在改革开放攻坚和经济发展的转型时期，面对世界各国形形色色的文化现象，面对各种眼花缭乱的现代传媒，我们要坚持文化自信，古为今用、洋为中用、推陈出新，有鉴别地加以对待，有扬弃地予以继承，传承和升华中华优秀传统文化，发展中国特色社会主义文化，增强国家文化软实力。

浩浩历史长河，熊熊文明薪火，中华文化源远流长，滚滚黄河、滔滔长江，是最直接的源头，这两大文化浪涛经过千百年冲刷洗礼和不断交流、融合以及沉淀，最终形成了求同存异、兼收并蓄的辉煌灿烂的中华文明，也是世界上唯一绵延不绝而从没中断的古老文化，并始终充满了生机与活力。

中华文化曾是东方文化摇篮，也是推动世界文明不断前行的动力之一。早在500年前，中华文化的四大发明催生了欧洲文艺复兴运动和地理大发现。中国四大发明先后传到西方，对于促进西方工业社会的形成和发展，曾起到了重要作用。

中华文化的力量，已经深深熔铸到我们的生命力、创造力和凝聚力中，是我们民族的基因。中华民族的精神，也已深深植根于绵延数千年的优秀文化传统之中，是我们的精神家园。

总之，中华文化博大精深，是中国各族人民五千年来创造、传承下来的物质文明和精神文明的总和，其内容包罗万象，浩若星汉，具有很强的文化纵深，蕴含丰富宝藏。我们要实现中华文化伟大复兴，首先要站在传统文化前沿，薪火相传，一脉相承，弘扬和发展五千年来优秀的、光明的、先进的、科学的、文明的和自豪的文化现象，融合古今中外一切文化精华，构建具有中国特色的现代民族文化，向世界和未来展示中华民族的文化力量、文化价值、文化形态与文化风采。

为此，在有关专家指导下，我们收集整理了大量古今资料和最新研究成果，特别编撰了本套大型书系。主要包括独具特色的语言文字、浩如烟海的文化典籍、名扬世界的科技工艺、异彩纷呈的文学艺术、充满智慧的中国哲学、完备而深刻的伦理道德、古风古韵的建筑遗存、深具内涵的自然名胜、悠久传承的历史文明，还有各具特色又相互交融的地域文化和民族文化等，充分显示了中华民族的厚重文化底蕴和强大民族凝聚力，具有极强的系统性、广博性和规模性。

本套书系的特点是全景展现，纵横捭阖，内容采取讲故事的方式进行叙述，语言通俗，明白晓畅，图文并茂，形象直观，古风古韵，格调高雅，具有很强的可读性、欣赏性、知识性和延伸性，能够让广大读者全面接触和感受中国文化的丰富内涵，增强中华儿女民族自尊心和文化自豪感，并能很好继承和弘扬中国文化，创造未来中国特色的先进民族文化。

2014年4月18日

上古时期——智慧先民

中古时期——创造天工

近古时期——发明英才

近世时期——首创能人

智慧先民

春秋战国是我国历史上的上古时期。这一时期，为了发展农业，涌现了如郑国、孙叔敖这样的水利专家。随后人们发明了铁犁铧、铁锄、石磨等新农具。

在这种情况下，欧冶子将生铁冶炼技术发挥到极致，宝剑横空出世。铁器的大量使用给手工匠人提供了发展空间，于是出现了鲁班这样有数项发明的人物。从郑国、孙叔敖、欧冶子和鲁班身上，我们能感受到上古先民的不凡才智。

战国时期水利专家郑国

郑国，生卒年不详，战国时期韩国人，水利家，韩国水工。

公元前247年，郑国受秦王委托修建从仲山引泾水向西到瓠口作为渠口。他在施工中表现出杰出的智慧和才能。渠成后，大大增强了秦国实力，为秦统一六国奠定了基础。

郑国渠开历代引泾灌溉之先河，是我国古代著名的大型水利工程。

■战国时期水利家郑国蜡像

■ 秦王嬴政 （前259—前210年），嬴姓赵氏，故又称赵政，汉族，生于赵国首都邯郸。他是我国历史上著名的政治家、改革家、战略家，首位完成中国统一的秦朝开国皇帝，秦庄襄王之子，13岁即王位，39岁称皇帝，在位37年。史称秦始皇。

战国末期，秦国崛起，东进中原，占领了周王室的旧地荥阳，陈兵于韩国边境，韩国危在旦夕。

韩醒惠王设"疲秦之计"，想诱使秦国将人力财力用于大兴水利，以解燃眉之急。于是派遣国内水利专家郑国赶赴秦国让秦王修建水利工程。

郑国到了秦国后，立即向秦王嬴政献上一条"富国强兵"之策。

郑国对秦王说："水害与水利本为一体，有水害需当治理，无水害可兴办水利。堵和疏的办法，固然得之于治理水害，但是，同样可以用于修堤筑堤渠，引水浇灌。秦国无水患可治，却可大兴水利。关中沃野千里，只是雨水太少。关中东部是渭洛二水入河处，三水交汇，地下水位高，一经蒸晒，地面出现盐碱，百里茫茫，寸草不生。如果能修一条长渠，引泾水灌溉，干旱自然解决。"

当时，秦国关中正遇到连年干旱，军用的粮草供应不足，秦兵无法继续东进，秦王正为粮草而苦恼，郑国献上的策略正中秦王之意。

于是，秦王接受了郑国的提议，不惜耗费巨大的

荥阳 位于河南省中北部，郑州西15千米，北临黄河，是隶属于省会郑州的一个县级市。荥阳历史悠久，文化灿烂。自公元前202年秦朝置县至1994年撤县设市，已有2200多年历史。

■ 郦道元（约470—527年），字善长，今河北省涿州人。北朝北魏地理学家、散文家。他博览奇书，幼时曾随父亲到山东访求水道，后又游历秦岭、淮河以北等广大地区，撰写《水经注》40卷。这既是一部内容丰富多彩的地理著作，也是一部优美的山水散文汇集。

资财，选精壮劳力，投入引泾工程。接着，郑国怀着非常复杂的心情开始主持修筑这项巨大的水利工程。他暗自决定，不管将来形势如何，一定要搞好这项工程。他发明创造的"横绝"技术，使渠道跨过冶峪河、清河等大小河流，能把常流量拦入渠中，并增加了水源。

同时，他还利用横向环流解决了粗沙入渠、堵塞渠道的问题，表明他拥有较高的河流水文知识。

据现代测量，郑国渠平均坡降为0.64%，这反映出了他具有很高的测量技术水平，他是我国古代卓越的水利科学家，其科学技术成就得到后世的一致公认，后人们有"郑国千秋业，百世功在农"的诗句称颂他！

这条渠道的经行地区，经北魏地理学家郦道元考证，在《水经注·沮水》记载：

渠首上承泾水于中山西邸瓠口，……渠渎东径宜秋城北，又东径中山南，……又东径舍车宫南绝冶谷水。郑渠故渎又东径嶻嶭山南、池阳县故城北，又东绝清水，又东径北原下，浊水注焉，自浊水以上，今无人。……又东历原径曲梁城北，又东径太上陵南原下，北屈径原东，与沮水合。……沮循郑渠，东径当道城南，……又东径莲芍县故城北，……又东径粟邑县故城北，……其水又东北流，注于洛水也。

在缺乏勘察设计和仪器的古代，郑国凭借经验和勇气大胆设计，敢于引水北上。经过多年的努力和广大民工的辛勤劳动，于公元前235年竣工。

这条渠道的渠首设在瓠口，也就是后来的王桥镇上然村附近，从渠首到注入洛河处，全长300千米，灌溉田地110万亩。渠成后，平均每亩收100多公斤粮食，关中之地成为沃野，大大增强了秦国实力，为秦统一六国奠定了基础。

后来，人们为了纪念这位水利大师，将此渠叫作"郑国渠"。在我国历史上"郑国渠"是一项开凿工程大，施工技术高超的水利工程，它改变了关中农业区的面貌，使八百里秦川成为富饶之乡。

关中 也称关中平原，指我国陕西秦岭北麓渭河冲积平原，平均海拔约500米，关中平原又称关中盆地，其北部为陕北黄土高原，向南则是陕南山地、秦巴山脉，为陕西的工、农业发达，人口密集地区，富庶之地，号称"八百里秦川"。此地是整个亚洲最重要的人类起源地和史前文化中心之一。

阅读链接

本来，郑国去秦国修建水渠是为了给韩国当间谍，使秦国把主要精力都用于修建水渠上，浪费秦国的财力和人力，而无暇攻打韩国，结果郑国渠修建完，秦国国力反而更加强大了。

不过，郑国当间谍的事情在水渠修建完成之前就已经被秦国发现了，但是，秦国人并没有因此抹杀他的功绩，依然将他修建的渠道命名为"郑国渠"，以示纪念。后来，郑国在秦国善终。

春秋时期治水专家孙叔敖

孙叔敖（前约630—前593年），蔿氏，名敖，字孙叔，又字艾猎，春秋时楚国江陵人。楚国名臣。

公元前601年，孙叔敖出任楚国令尹，他主持兴修了芍陂，改善了农业生产条件，增强了国力，辅佐楚王强国富民，使楚国从蛮夷小邦纵身一跃，称霸诸侯。

史学家司马迁在《史记·循吏列传》中，把他列为第一人。

治水专家孙叔敖画像

孙叔敖出身楚国大贵族之家，为楚国司马分冒之后。其年少时，父亲遭人陷害，举家搬迁到期思邑，也就是后来的河南淮滨县期思镇居住。

楚庄王时，孙叔敖由前令尹虞丘推荐，被楚王任命为令尹。当时，淮水流域常常闹水灾，影响了农业的发展。

■ 芍陂遗址石碑

为此，孙叔敖上任后做的第一件事，就是改善楚国的都城郢都所在地的交通条件，着手修建运河。他主持兴办了我国最早的蓄水灌溉工程芍陂。

芍陂因水流经过芍亭而得名。工程在安丰城，也就是后来的安徽省寿县境内附近，位于大别山的北麓余脉。东、南、西三面地势较高，北面地势低洼，向淮河倾斜。每逢夏秋雨季，山洪暴发，形成涝灾；雨少时又常常出现旱灾。

当时这里是楚国北疆的农业区，粮食生产的好坏，对当地的军需民用关系极大。孙叔敖根据当地的地形特点，组织当地人民修建工程，将东面的积石山、东南面龙池山和西面六安龙穴山流下来的溪水汇集于低洼的芍陂之中。

修建5个水门，以石质闸门控制水量，"水涨则开门以疏之，水消则闭门以蓄之"，不仅天旱有水灌田，又避免水多洪涝成灾。

芍陂 由春秋时楚相孙叔敖主持修建，与都江堰、漳河渠、郑国渠并称为我国古代四大水利工程。位于今安徽省寿县。芍陂引淠入白芍亭东成湖，东汉至唐可灌田万顷。隋唐时属安丰县境，迄今2500多年一直发挥不同程度的灌溉效益。

■ 蚁鼻钱 又称蚁鼻币、鬼脸钱，是我国战国时期楚国的铜币，是从仿制贝转化而来的。因其形象得名。形状为凸面椭圆形，似海贝。正面有阴文，常见"贝"字；少数为"君""圻"等字，意义不明。湖北、湖南、江苏、豫西、鲁南出土最多。

后来，孙叔敖又在西南开了一条子午渠，上通淯河，扩大芍陂的灌溉水源，使芍陂达到"灌田万顷"的规模。

除了兴修水利之功外，孙叔敖还可以称得上是一位懂经济的专家，用现在的话说，是一位身体力行的经济学家。

那时，百姓们秋冬之时习惯"猫冬"闲逛，不仅滋生是非而且浪费能源。他劝百姓多多发财，利用农闲季节上山采矿伐木，这样人民富有了，国家也有了丰富的物资储备。

当时的楚国通行贝壳形状的铜币，叫作"蚁鼻钱"。庄王却嫌它重量太轻，下令将小币铸成大币，老百姓却觉得不方便，特别是商人们更是蒙受了巨大损失，纷纷放弃商业经营，这使得市场非常萧条。更严重的是，百姓们都不愿意在城市里居住谋生了，这就影响了社会的安定。

孙叔敖知道后，就前去见庄王，请求他恢复原来的货币制度。

庄王答应了，结果，市场又恢复到原来的局面。作为一个治国奇才，孙叔敖还是一个著名的改革家。他在任期间，对楚国的政治、经济、军事进行了一系列重大改革。其中一项就是对坐骑的巧妙改革。

长期以来，楚人习惯乘坐车轮低矮的小车，眼见楚国日益强大，楚王认为小车不足以表现大国的气派，遂发令民众改用车轮大的车。

孙叔敖劝谏，如颁令强制改变老百姓的习惯，会招致百姓反感，不如把城门门槛筑高，这样低小的车就过不去，老百姓自然就会改小车为大车。果不其然，楚国不久便流行了大车。

■ 出土的战车

春秋五霸 即我国春秋时期称霸的5个诸侯。即齐桓公、晋文公、秦穆公、宋襄公和楚庄王。因为周天子失去了往日的权威，反而依附于强大的诸侯。以上5个强大的就叫做"春秋五霸"。

此外，孙叔敖还是杰出的军事家，他选择适合于楚国的条文，立为军法，对各军的行动、任务、纪律等都制定了明确规定，运用于训练和实战。

前598年，楚军在诉地，也就是后来的河南正阳一带修筑城池，由于他用人得当，计划周密，物资准备充足，30天就完成了任务。

第二年，楚国与晋国大战于邲，他辅助庄王机智灵活地指挥了这场战斗，刚一出动战车，他即鼓动楚军勇猛冲击，一鼓作气，迅速逼近晋军，使其措手不及，仓皇溃散，逃归黄河以北。

最终，陈、郑、鲁、宋等国放弃了晋国，而与楚国结盟，中原霸主的地位便转向楚国，成为春秋五霸之一。

阅读链接

相传，孙叔敖相貌丑陋、身材矮小、秃顶、左手长右手短，但他自幼勤勉，心地善良。

据说，孙叔敖在几岁时，打死过一条两头蛇。当时楚国巫风盛行，普遍认为两头蛇是不祥之兆。为此，孙叔敖哭着回家与母亲诀别，说自己恐怕活不成了。

母亲大吃一惊，问他："蛇呢？"

他回答："我怕别人再碰上，像我一样送命，就把蛇打死埋了。"

母亲被儿子的纯善之心所感动，安慰说："你把蛇打死又埋掉，免得再害他人，是除害积善，上苍不会让你死的……"

后来，人们将孙叔敖斩杀两头蛇，埋入山丘的地方称为"蛇入山"。如今，蛇入山成为荆州市花鸟宠物市场，这个街心花园里还竖有一尊少年孙叔敖杀两头蛇的白色雕像。

冶金铸剑的鼻祖欧冶子

　　欧冶子，生于春秋战国时期的越国，即浙江绍兴。他是中国古代铸剑鼻祖，龙泉宝剑创始人。同时，欧冶子也是历史上另一位铸剑大师干将的岳父，莫邪正是欧冶子的女儿。

　　欧冶子铸造的一系列赫赫青铜名剑，如龙渊剑、泰阿剑、湛卢剑等，冠绝华夏。

　　在春秋五霸、战国七雄的争霸战争中，这些剑显示了无穷威力与摄人心魄的艺术魅力。在我国古代冶金术方面做出了卓越贡献，开创了我国冷兵器之先河。

■ 我国古代铸剑鼻祖欧冶子

■ 楚王盦璋剑

发明巨匠

发明天工与创造英才

诸侯 是我国古代中央政权所分封的各国国君的统称。周朝分公、侯、伯、子、男5等，汉朝分王、侯两等。在周朝，诸侯名义上需服从王室的政令，向王室朝贡、述职、服役，以及出兵勤王等。汉时诸侯国由皇帝派相或长吏治理，王、侯仅食赋税。

风胡子 也称"风湖子""风胡""风壶"，春秋时楚国人，相剑家，精于识剑、铸剑。曾向王践解释剑道，令王折服，王勾践就派他找到铸剑师欧冶子为自己铸剑。欧冶子不负所望，终于铸成一系列名剑。

欧冶子诞生时，正值东周列国分争，楚先后吞并了长江以南45国，其中越国也成了楚国的属国。欧冶子在少年时代，从舅舅那里学会了冶金技术，开始冶铸青铜剑和铁锄、铁斧等生产工具。他肯动脑筋，具有非凡的智慧，而且身体强健，能刻苦耐劳。他所铸的一系列名剑在我国历史上熠熠生辉。

其中最为出名的，要数龙渊、泰阿、工布3把铁剑和湛卢、纯钩、胜邪、鱼肠、巨阙5把青铜剑，它们在后世的许多文艺作品中大放异彩。

欧冶子的宝剑是为楚王铸造的。据《越绝书》记载，楚王命相剑家风胡子到越地去寻找欧冶子，叫他制造宝剑。

欧冶子走遍江南名山大川，寻觅能出铁英、寒泉和亮石的地方，最后来到了龙泉的秦溪山旁。他发现在两棵千年松树下面有7口井，排列如北斗，明净如琉璃，冷澈入骨髓，实乃上等寒泉，就凿池储水，即成剑池。

欧冶子又在茨山下采得铁英，拿来炼铁铸剑，就以这池里的水淬火，铸成剑坯。

欧冶子爬山越水，千寻万觅，在秦溪山附近一个山岙里找到亮石坑。发觉坑里有丝丝寒气，阴森逼人，知道其中必有异物。于是焚香沐浴，素斋3天，然后跳入坑洞，取出来一块坚利的亮石，用这儿的水慢慢磨制宝剑。

经两年之久，欧冶子终于铸成龙渊、泰阿、工布3把铁剑和湛卢、纯钩、胜邪、鱼肠、巨阙5把青铜剑，并把它们献给楚王。

楚王见剑大喜，就赐欧冶子凿成的剑池为"剑池湖"。唐乾元二年，即前759年，此地置县，就以此剑为县名，叫"龙渊县"，因避唐高祖"渊"字，改叫"龙泉"，从此，"龙泉"成为宝剑的代名词，龙泉宝剑也名扬天下。

欧冶子铸造的宝剑，是他在古代冶金方面积极探索的成果。

龙渊、泰阿和工布，这些宝剑弯转起来围在腰间，简直似腰带一般，如果松开，剑身即弹开，坚挺笔直。若向上空抛一方手帕，从宝剑锋口徐徐落下，手帕即一分为二；斩铜剁铁，就似削泥一般。

这些宝剑之所以如此锋利，是因为取铁英炼铁铸剑，取池水淬

■欧冶子铸剑池

楚昭王 即熊壬（约前523—前489年），楚平王之子。公元前516年，楚平王死，不满10岁的太子熊壬继立，改名熊轸，是为昭王。楚昭王可谓是楚国的一位中兴之主。

火，取这山石磨剑的缘故。

龙泉剑从原料到成品，需要经过炼、锻、铲、锉、刻花、嵌铜、冷锻、淬火、磨光等数十道工序。

湛卢剑是一把剑，更是一只"眼睛"。所谓湛卢，就是清澈的样子而又带着黑色。这把通体黑色浑然无迹的长剑让人感到的不是它的锋利，而是它的宽厚和慈祥。它就像上苍一只目光深邃、明察秋毫的黑色的眼睛，注视着君王、诸侯的一举一动。

据说欧冶子铸成湛卢剑时，不禁抚剑落泪，因为他终于圆了自己毕生的梦想：铸出一把无坚不摧而又不带丝毫杀气的兵器。所谓仁者无敌。因此湛卢剑是一把"仁道"之剑。

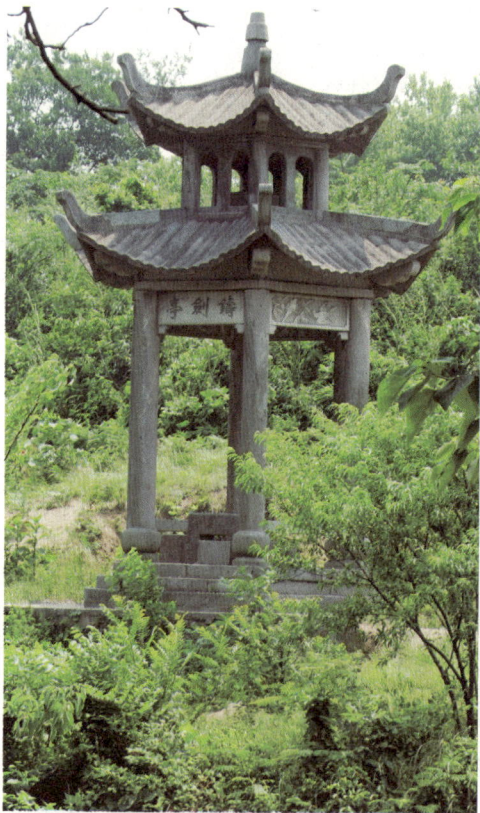

■ 欧冶子铸剑亭

《东周列国志》中写了一个关于湛卢宝剑的故事：湛卢宝剑铸成，越王视之为国宝。越国被吴国攻灭，吴王阖闾获此剑。但有一天此剑忽然不见了，而某日在楚昭王的枕边突然发现这把寒光闪闪的宝剑。

相剑者入宫解谜道："此乃剑师欧冶子'湛卢'宝剑，吴王无道，杀王僚自立，又坑杀万人以殉其女，吴人悲怨，岂能得此剑？比剑所在之国，其国祚必绵远。"

楚昭王大悦："此乃天降瑞

兆也！"

可见，湛卢宝剑已成为预示国家兴亡的神物了。唐朝"诗圣"杜甫有诗咏道："朝士兼戎服，君王按湛卢。"历代诗文提及湛卢的很多。

湛卢剑几经辗转流传，据说唐时为薛仁贵获得，后传到南宋抗金名将岳飞手中。岳飞父子遇害后，湛卢剑不知下落。

1965年出土的越王勾践剑，虽然无法确定它是否为欧冶子所铸，但作为同一时期的青铜剑，可以为考证湛卢剑工艺水平提供珍贵资料。纯钧剑是考古队在1965年挖掘春秋古墓的时候意外发现的，它的主要成

薛仁贵（614—683年），名薛礼，字仁贵。生于唐时山西绛州龙门修村，即今山西省河津市城东的修村。唐代著名军事家、政治家，任右威卫大将军，安东都护。封平阳郡公，追左骁卫大将军，幽州都督。他曾随唐太宗李世民、唐高宗李治创造了军事和政治上的赫赫功勋。薛仁贵的故事广为民间流传。

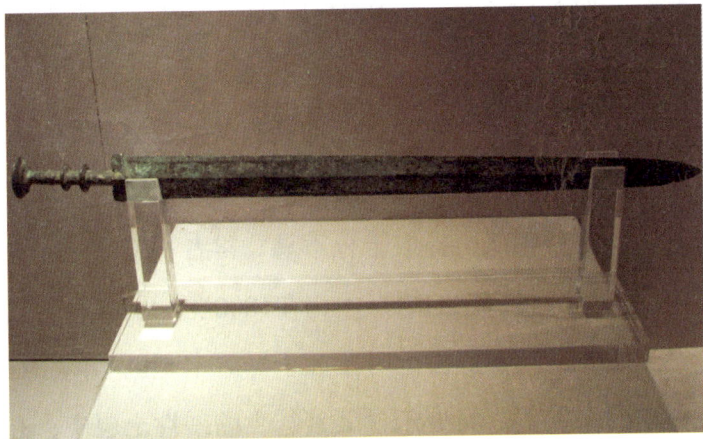

■ 战国青铜剑

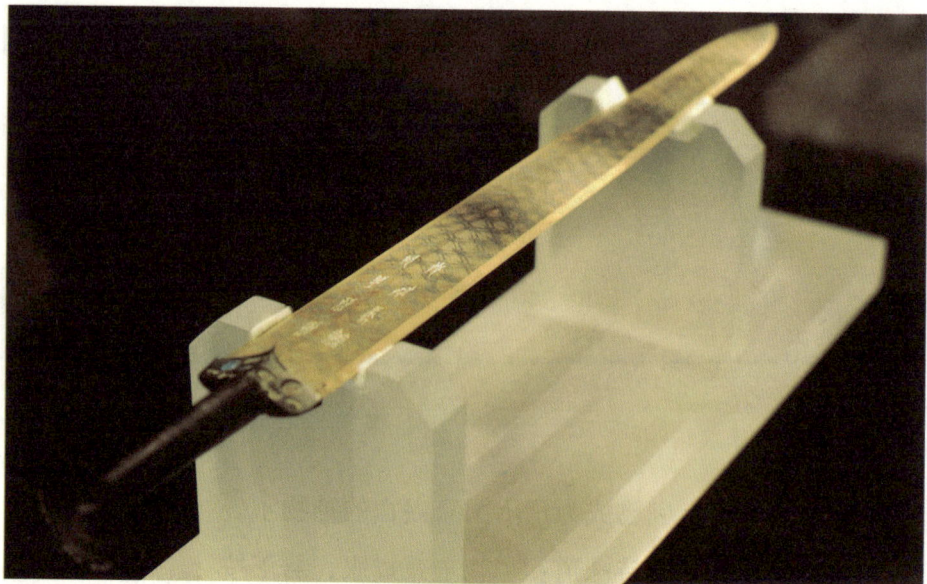

发明巨匠

发明天工与创造英才

■ 越王勾践剑

分是铜、锡，以及少量的铝、铁、镍、硫组成的青铜合金。

据研究发现，纯钩剑剑身的黑色菱形花纹是经过硫化工艺处理的，剑刃的精磨技艺水平可同现代在精密磨床上生产出的产品相媲美。因剑的各个部位作用不同，因此铜和锡的比例不一。

剑脊含铜较多，能使剑韧性好，不易折断；而纯钩剑青铜合金配比刃部含锡高，硬度大，使剑非常锋利；花纹处含硫高，硫化铜可以防止锈蚀，以保持花纹的艳丽。

进一步的研究发现，纯钩剑剑身上被镀上了一层含铬的金属。铬是一种极耐腐蚀的稀有金属，地球岩石中含铬量很低，提取十分不易。再者，铬还是一种耐高温的金属，它的熔点大约在1800度。

此外，纯钩剑出土时紧插于黑漆木制剑鞘内，在剑鞘的保护下，又处于含氧量甚少的中性土层中；并

硫化工艺 "硫化"一词有其历史性，因最初的天然橡胶制品用硫黄作交联剂进行交联而得名。越王剑上的菱形花纹，就是欧冶子用"硫化工艺"攻下的难关。交联过程是指把一个或更多的硫原子接在聚合物链上形成桥状结构，最后反应的结果及性能在很多方面都有了改变。

且它所处的环境与外界基本隔绝，这也是它没有生锈的重要原因。

纯钩剑无论从它的外形研制，还是质料搭配，都无疑是我国青铜短兵器中罕见的珍品。

胜邪剑，异名"磐郢"。欧冶子铸此剑时即认为剑中透着恶气，每铸一寸，便更恶一分，故名"胜邪"。吴王阖闾曾用它主持祭祀。

鱼肠剑，也称鱼藏剑。一种说法认为，鱼肠剑之得名，就是由于它小巧得能够藏身于鱼腹之中。鱼肠剑的剑身细长柔韧，几乎能够在鱼的胃肠中曲折弯转，而抽出时则恢复原形，钢韧无比，熠熠生光。历史上的专诸刺吴王僚就是用的鱼肠剑。另一种说法可能是鱼肠剑为诸多名剑中十分小巧的一把，如短刃、匕首。

巨阙剑，是一种锋利无比的剑。传说欧冶子当年在造巨阙剑时剩下了一块锻造所用的神铁，于是，他

上古时期

智慧先民

专储刺吴王僚

据《春秋左传》记载，吴国的公子光为了想得到王位，就在宴请吴王僚时，派武士专诸刺杀吴王僚。专诸把鱼肠剑放进鱼肚子里端了进来，然后抽出剑来刺杀了吴王僚。专诸刺杀了吴王僚，他自己也被吴王的亲兵杀了。公子光最后当了吴王，也就是吴王阖闾。

■吴王夫差铜剑

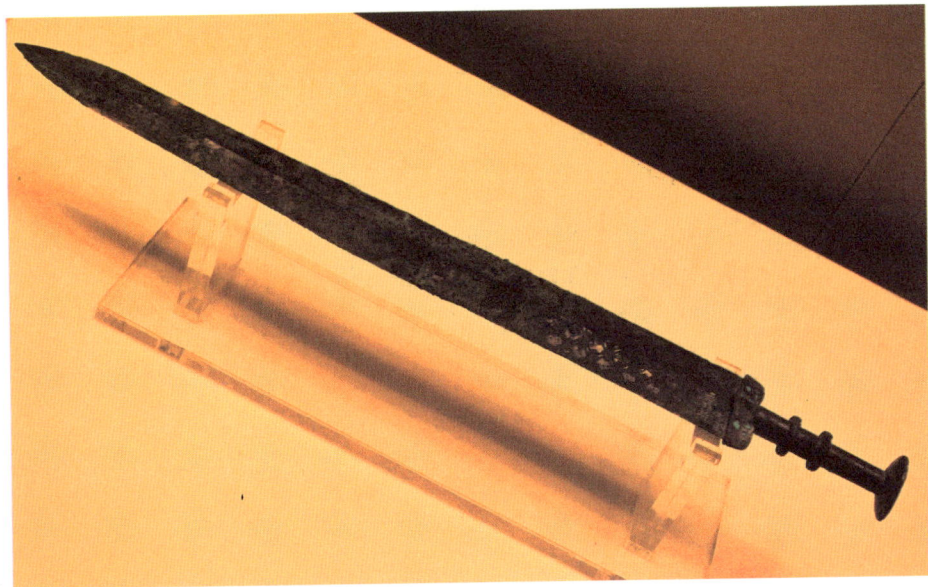

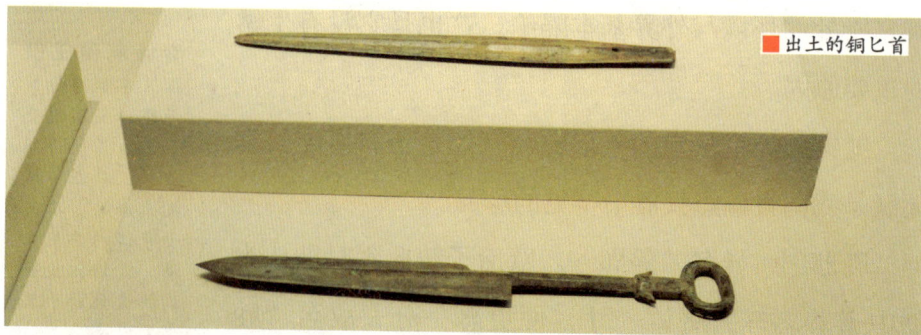
出土的铜匕首

就用这块神铁，造就了一把匕首"龙鳞"。这把匕首，后来受用于朝廷之中，因太过锋利，而被用于古时最残酷的死刑"凌迟"。

巨阙剑钝重非常，非天生神力者不能舞之，但是，一旦会用，就会生出无比威力，有"天下至尊"之称。因自古以来，鲜有人能驾驭此剑，它的威力渐渐被世人淡忘。

以上所述，虽然有的未见正史，但从不同角度及一定程度上，是人们对欧冶子高超的铸造技能的赞叹，也反映了我国金属冶炼和铸造工艺已达到相当高的水平。

阅读链接

据说晋王出兵伐楚索要泰阿剑，借以称霸诸侯。晋军兵锋直指都城，危在旦夕。

楚王登上城头，见城外晋国兵马遮天蔽日，便捧剑长叹："泰阿啊泰阿，我今天将用自己的鲜血来祭你！"

说罢，挥剑直指敌军。只见一团磅礴剑气激射而出，城外霎时飞沙走石，晋国兵马大乱，片刻之后，流血千里，全军覆没。

原来，泰阿剑是诸侯威道之剑，而内心之威才是真威，楚王身处逆境而威武不屈，正是他的内心之威激发出泰阿的剑气之威，从而发挥出奇迹般的威力。

伟大的发明制造家鲁班

鲁班（前507—前444年），姓公输名般，又称公输子、公输盘、班输、鲁般。故里在山东滕州。春秋末期到战国初期鲁国土木工匠。

鲁班是我国古代的一位出色的发明家，2000多年以来，他的名字和有关他的故事，一直在广大人民群众中流传。

鲁班的名字实际上已经成为了我国古代劳动人民智慧的象征。我国的土木工匠们都尊称他为"祖师"。

■发明家鲁班画像

工匠 有工艺专长的匠人。距今七八千年前的我国原始社会末期，人类出现了第一次社会大分工，手工业从农业分离出来，出现了专门从事手工业生产的工匠。如木匠、石匠和铁匠等。

鲁班出生在鲁国一个世代以工匠为生的家庭。家庭的影响和熏陶，使他从小就喜欢上了机械制造、手工工艺、土木建筑等古代工匠所从事的活动。

长期的生产实践和他本人不断的努力，使鲁班逐渐掌握了古代工匠所需要的多方面技能，积累了非常丰富的实践经验，成为当时有名的能工巧匠。在机械、土木、手工工艺等方面有所发明。

鲁班很注意对客观事物的观察、研究，他受自然现象的启发，致力于创造发明。

相传有一年，鲁班接受了建筑一座巨大宫殿的任务。这座宫殿需要很多木料，鲁班就让徒弟们上山砍伐树木。由于当时还没有锯子，他的徒弟们只好用斧头砍伐，但这样做效率非常低，工匠们每天起早贪黑拼命去干，累得筋疲力尽，也砍伐不了多少树木，远远不能满足工程的需要，使工程进度一拖再拖。

眼看工程期限越来越近了，这可急坏了鲁班。为此，他决定亲自上山察看砍伐树木的情况。

鲁班在上山时，无意中抓了一把山上长的一种野草，却一下子将手划破了。鲁班很奇怪，一根小草为什么这样锋利？于是他摘下了一片叶子细心观察，发现叶子两边长着许多小细齿，用手轻轻一摸，

■ 鲁班发明的拉锯

这些小细齿非常锋利。他明白了，他的手就是被这些小细齿划破的。

在山上察看时，鲁班又看到一只大蝗虫在一株草上啃吃叶子，大蝗虫的两颗大牙非常锋利，一开一合，很快就吃下一大片。这同样引起了鲁班的好奇心。

他抓住一只蝗虫，仔细观察蝗虫牙齿的结构，发现蝗虫的两颗大牙上同样排列着许多小细齿，蝗虫正是靠这些小细齿来咬断草叶的。

■ 鲁班用的尺子

这两件事给鲁班留下了极其深刻的印象，也使他受到很大启发，陷入了深深的思考。他想，如果把砍伐木头的工具做成锯齿状，不是同样会很锋利吗？砍伐树木也就容易多了。于是，他就用大毛竹做成一个带有许多小锯齿的竹片，然后到小树上去做试验。

果然，几锯下来就把树皮锯破了，再用力锯几下，小树干就被锯出一道深沟。鲁班非常高兴。但由于竹片比较软，强度比较差，不能长久使用，拉了一会儿，小锯齿就有的断了，有的变钝了，需要更换竹片。这样就影响了砍伐树木的速度，使用竹片太多也是一个很大的浪费。

看来竹片不宜作为制作锯齿的材料，应该寻找一

锯齿 锯条上尖齿或形状排列如动物牙齿或机器的齿。鲁班发现某些植物的叶子边缘呈一定波浪状且非常锋利，于是发明了锯子。现在有好多木匠仍然在使用锯子，锯条的边缘就是模仿植物叶子边缘的齿，故有锯齿之说。

鲁班尺 又称"角尺"。建造房屋时所用的测量工具，是度量、矫正的重要工具。长约43厘米，相传为春秋鲁国公输班所作，后经风水界加入8个字，以丈量房屋吉凶，并呼之为"门公尺"。由于其特殊的功能，在风水文化、建筑文化中表现最为广泛。

■ 鲁班塑像

种强度、硬度都比较高的材料来代替它，这时鲁班想到了铁片。鲁班立即下山，兴奋地请铁匠们帮助制作带有小锯齿的铁片，然后到山上找一棵树做实验。

鲁班和徒弟各拉铁锯片一端，两个人一来一往，不一会儿就把树锯断了，又快又省力。鲁班给这种新发明的工具起了一个名字，叫做"锯"。就这样，善于观察、研究的鲁班发明了铁锯，而且流传到现在。

鲁班的发明创造有很多种。据《事物绀珠》《物原》《古史考》等不少古籍中记载，木工使用的不少工具器械都是由他创造的，比如墨斗、刨子、钻、凿子、铲子等工具传说也都是鲁班发明的。其中最著名的是鲁班尺。

这些木工工具的发明，使当时工匠们从原始、繁重的劳动中解放出来，劳动效率成倍提高，土木工艺出现了崭新的面貌。后来，人们为了纪念这位名师巨匠，把他尊为土木工匠的始祖。

另据《世本》上记载，石磨也是鲁班发明的。在鲁班发明石磨之前，人们加工粮食是把谷物放在石臼里用杵来舂捣，而磨的发明把杵臼的上下运动改变为旋转运动，使杵臼的间歇工作变成连续工作，大大减轻了劳动强度，提高了生产效率，这是古代粮食加工工具的一大进步。

在鲁班生活的时代，人们要吃米粉、麦粉，都是要把米麦放在石臼里，用粗石棍来捣。用这种方法很费力，捣出来的粉有粗有细，而且一次捣得很少。

鲁班想找一种用力少收效大的方法。就用两块有一定厚度的扁圆柱形的石头制成磨扇。下扇中间装有一个短的立轴，用铁制成，上扇中间有一个相应的空套，两扇相合以后，下扇固定，上扇可以绕轴转动。两扇相对的一面，留有一个空膛，叫磨膛，膛的外周制成一起一伏的磨齿。

上扇有磨眼，磨面的时候，谷物通过磨眼流入磨膛，均匀地分布在四周，被磨成粉末，从夹缝中流到磨盘上，过罗筛去麸皮等就得到面粉。许多农村现在还在用石磨磨面。

鲁班发明磨的真实情况已经无从查考，但是据考古发掘的情况来看，在距今4000年左右龙山文化时期，就已经有了杵臼，因此到鲁班时代发明了磨，是有可能的。

在兵器方面，据《墨子·公输篇》记述，鲁班曾

■ 鲁班发明的石磨

墨斗 是我国传统木工行业中极为常见工具，由墨仓、线轮、墨线、墨签四部分构成。其用途有三个方面：1、做长直线方法是将濡墨后的墨线一端固定，拉出墨线牵直拉紧在需要的位置，再提起中段弹下即可。2、墨仓蓄墨，配合墨签和拐尺用以画短直线或者做记号；3、画竖直线（当铅锤使用）。

龙山文化 泛指我国黄河中、下游地区新石器时代晚期的一类文化遗存。大体以西起陇山、东至泰山的黄河中、下游为活动地区；主要分布在这一地区的是仰韶文化和龙山文化这两个类型的新石器文化，一般认为即汉族远古先民的文化遗存。

经为楚国制造攻城用的"云梯"。它系由三部分构成：底部装有车轮，可以移动；梯身可上下仰俯，靠人力扛抬，倚架于城墙壁上；梯顶端装有钩状物，用以钩牢城缘，并可保护梯首免遭守军的推拒和破坏。

鲁班曾对古代的锁进行了重大改进。锁在周穆王时已有简单的锁钥，形状如鱼，构造比较简单，安全性比较差。经过鲁班改进后，其形状、结构均有较大变化，锁的机关设在里面，外表不露痕迹，只有借助配好的钥匙才能打开，具有很强的安全性和实用性，能够代替人的看守。

鲁班曾用竹子做成一只木鸟，能够借助风力飞上高空，长久不落地，在当时引起很大震动。

还有一种传说，鲁班曾制成机动的木马车，这辆木马车由木人驾驶，装有各种机关，能够在路上自动

■ 鲁班为楚国制造的云梯

行走，直至汉代还在流传。

鲁班还制作了一种称之为"机封"的装置，可以用机械的方法进行下葬，具有很高的技巧，人们对此很佩服。由于当时盛行厚葬，这种方法未能得到实施。

《述异记》上说，鲁班曾在石头上刻制出"九州图"，这可能是我国最早的石刻地图。

传说有一次，鲁班雕刻一只凤凰，当他还没有雕成时，就有人看了讥笑他，说他刻的凤凰一点都不像，脑袋不像脑袋，身体不像身体。

鲁班听了非常生气，但并没有灰心丧气和停止工作，他决心用自己的实际行动回答他人的讽刺。因此他更加努力学习、刻苦钻研。经过他的不懈努力，最后终于将凤凰刻成。

鲁班刻出的凤凰栩栩如生，非常逼真，赢得了众人的赞誉，那些曾经讥笑他的人也不得不佩服鲁班的高超技艺和刻苦精神。他也曾制作了安装门环的底座，深受人们的欢迎。

鲁班的妻子也是一位出色的工匠，伞就是由她发明的。她看到鲁班和很多工匠成年累月在外给人盖房子，经常是风吹、雨淋、日晒，没有什么东西遮挡，很是辛苦。于是她决心帮助他们解决这一问题。

经过开动脑筋，反复试验，鲁班的妻子终于做成一把伞，让鲁班出门做工的时候带上，这样不论走到

上古时期

智慧先民

■ 周穆王 名姬满，昭王之子，周王朝第五位帝王。是我国古代历史上最富于传奇色彩的帝王之一，世称"穆天子"。关于他的传说，层出不穷，最著名的则是《穆天子传》，又名《周王传》《周王游行记》，记周穆王驾八骏马西征之事。

《述异记》 古代小说集，总共有两种不同内容的版本。一是南朝齐国的祖冲之撰。所记多是鬼异之事；二是南朝梁代著名文学家任昉编写撰，两卷。书中有许多材料见于其他古籍。所记多为异闻琐事，故事性较差。

后人为纪念鲁班而修建的鲁班祠

哪里，也不论是刮风下雨，都不会受到风吹雨淋了。直至今天，伞仍然是人们日常生活中不可缺少的用具。

关于鲁班发明创造的故事和传说还有很多很多，千百年来一直在民间流传。这些传说和故事虽然不一定全部真实，却表达了人们对鲁班的敬仰和怀念，歌颂了我国古代工匠的聪明才智。

鲁班是中华民族优秀传统文化的载体，是属于全中国人民的一张独特的历史文化名片。他永远留驻在我们的心田，永远是人民的"鲁班爷"！

阅读链接

鲁班对徒弟知冷知热，家长都愿把孩子托付给他。他怕徒弟们想家，就想了个人性化的教育方法：课余时间让徒弟们满山遍野各自寻找长得跟自己娘亲形象差不多的婆婆石，像照片一样，摆放在各自的床头上。

时间一长，徒弟们就觉得娘亲在自己的身旁，也就都安下心来了。学徒期满临下山的时候，问题来了，谁也舍不得把"娘亲"留在山上，于是都背到山下，安放在门前或村头，拜称婆婆石为"干娘"。

华夏民族"认干娘"的习俗，就这样流传下来了。

创造天工

　　秦汉至隋唐是我国历史上的中古时期。从秦汉大统一到短暂的政权独立，再到隋唐强国形成，其间所有相对稳定的局面都为个人提供了展现才智的空间。

　　因此，在中古时期，中华大地上出现了许多优于世界的发明创造。如蔡伦的造纸、张衡的多项发明、李春的赵州桥等。中古时期这些创新巨子，向我们展现了中华民族可贵的价值信仰法则。

农业技术革新专家赵过

赵过（约前140—约前87年），汉武帝时的农学家。因为他的农业技术改进，使农民在一定程度上减轻了负担，为我国早期的农业生产做出了巨大的贡献。赵过为了使代田法的推广有确实的把握，曾作了长期准备和细致安排。他推广代田法取得了"用力少而得谷多"的良好效果，其中与他曾设计、创制和使用了"皆有便巧"的耕、耘、下种田器，并传授了"以人挽犁"和"教民相与庸挽犁"等增产措施大有关系。

赵过和他所创造的新农具与新耕作技术，在我国古代农业科学技术的发展史上，占有十分重要的地位，极大地促进了古代农业的大发展，推动了我国社会的大发展。

赵过画像

■ 汉武帝 （前156—前87年），名刘彻，汉朝的第五代皇帝。在位54年。谥号"孝武皇帝"，庙号世宗。我国历史上著名的政治家、战略家。他凭借文治武功，使汉朝成为当时世界上最强大的国家，赢得了一个国家前所未有的尊严。

《汉书·食货志》中说，汉武帝南征北战，大兴土木，疏于农业，以致国库空虚，朝野不妥，武帝很后悔连年征伐，于是提出"方今之务，在于力农"。

公元前89年，汉武帝任命赵过为搜粟都尉，后因赵过精通于代田之法，被派往关中一带教民种田。

代田法，就是把耕地分治成畎和垅，畎就是田间小沟，畎垅相间，畎宽1尺，深1尺，垅宽也是1尺。1亩定制宽6尺，适可容纳3畎3垅。种子播在畎底不受风吹，可以保墒，幼苗长在畎中，也能得到和保持较多的水分，生长健壮。

■ 古人耕种场景

农耕图

在每次中耕锄草时，将垄上的土同草一起锄入畎中，培壅苗根，到了暑天，垄上的土削平，畎垄相齐，这就使作物的根能扎得深，既可耐旱，也可抗风，防止倒伏。

第二年耕作时变更过来，以原来的畎为垄，原来的垄为畎，使同一地块的土地沿畎垄轮换利用，以恢复地力。

赵过无愧于武帝的信任，他积极对农业进行改进，不仅使粮食产量大增收，而且减轻了农民的负担，有力地促进了农业紧张局面的缓和，使西汉王朝出现新的景象。

根据汉昭帝时桓宽的《盐铁论》上的记载，推行代田法，主要在关中地区。贫户缺牛少马，只能用旧农具耕田，所以，行代田法的主要是富户而不是贫苦农民。

但随着生产力的发展，旧耕作方法势必逐渐被淘汰，赵过所创的代田法以及新农具和新耕作法，必然得到更大规模的推广。

从居延所发现的汉简上面，可以看到汉昭帝初年代田仓的许多记载。以汉简和史书互相参证，证明史书上所说代田法曾在居延推行的记载，是确实的。从代田仓的建立也可推断，推行代田法后，粮食产量得到了增长。

在当时，赵过有计划、有步骤地进行了试验、示范和全面推广等一系列细致的工作，终于在生产实践中取得了三大革新成果。

赵过的第一项革新成果，就是实施代田法。代田法是关中农民创造的，赵过的革新就是对此代田法加以总结推广。

在代田法的推广过程中，赵过组织工作做得很细致。他把工作分成三步：

第一步，他在正式宫殿之外的宫室外空地上试验，结果较常法耕种的土地每亩一般增产一石以上，好的可增产两石；

第二步，他对县令长，乡村中的主要劳动力和有经验的老农进行技术培训，再通过他们把新技术逐步推广出去；

第三步，先以公田作为重点推广，然后普遍开展。一时间，赵过代田法"用力少而得谷多"的消息传遍了黄河流域的旱作地区，百姓们争相实践，

地力 农业上的解释有两种，一是土地的出产能力；二是土地的肥沃程度。在这两种解释中，以后一种最常见。即土地中含氮、磷、钾等植物营养元素的多少和比例，是影响土地肥沃的重要因素，所以一般所称的地力主要指这些营养元素的多少。

■ 耕种用的耦犁

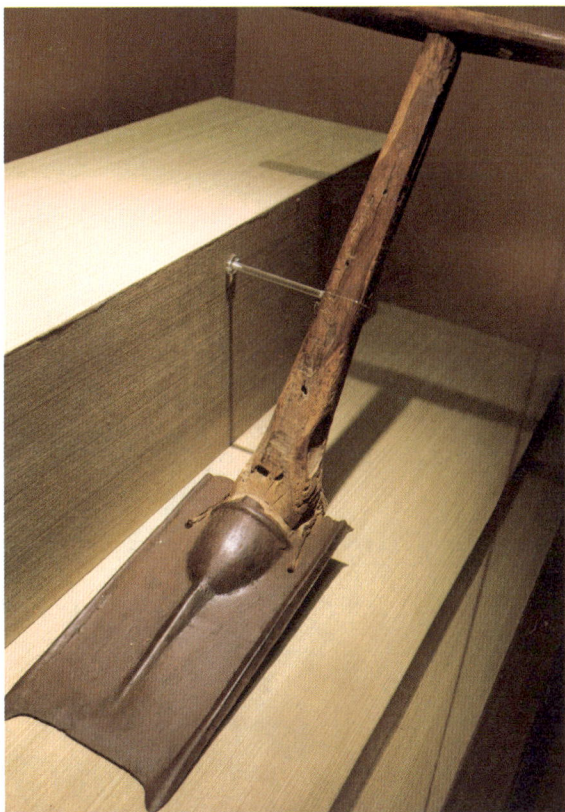

发明巨匠

发明天工与创造英才

■ 赵过的两牛三人耕作法

使西汉王朝因长期征战而凋敝的农村经济得到复苏，天下重现一片太平祥和的景象。

事实证明，赵过推行的代田法为黄河流域旱作地区防风抗旱的多种农法之一，不仅对于恢复汉武帝末年因征战、兴作，而使用民力过甚，致使凋敝的农村经济起到过一定的作用，而且对后世农业技术的发展也有深远的影响。

赵过的第二项革新成果耦犁法。早在赵过之前的商代，我国的劳动人民就开始运用牛耕劳作了，但是，由于牛耕只限于富豪之家所有，所以没有得到多少发展。赵过要改变这种局面，让牛耕在普通农家推广开来。

赵过的耦犁法，简单讲就是"两牛三人"，即操作时，两牛挽一犁，两人牵牛，一人扶犁而耕。

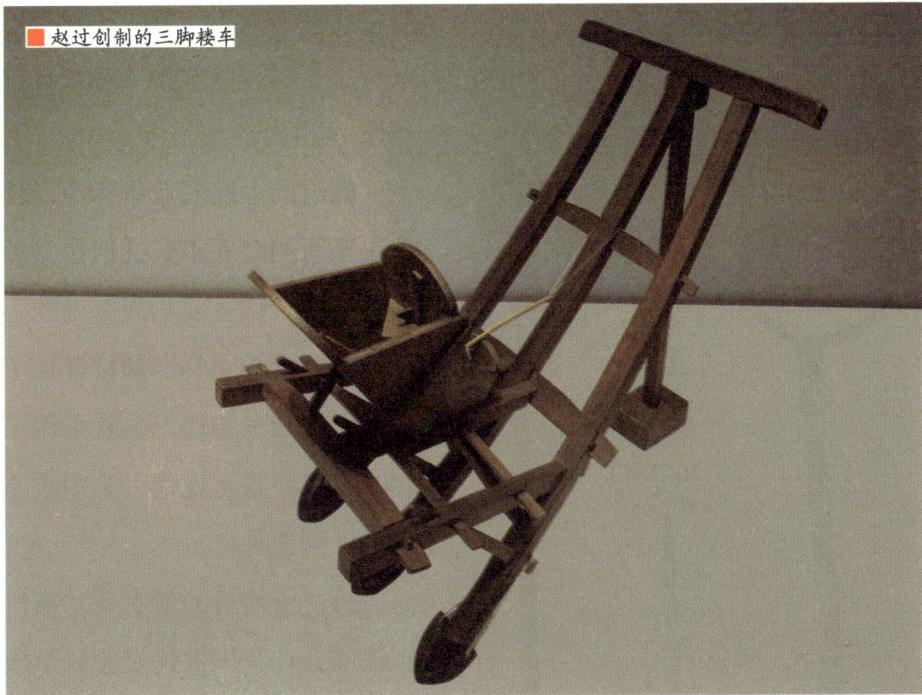
赵过创制的三脚耧车

赵过先是令大司农组织人大量制作改良耦犁，又令关中地区的郡守督所属县令长、农村主要劳力和有经验的老农使用改良农具，干得热火朝天。

赵过令农民以换工或付工值的办法组织用人力挽犁，并将此法向汉武帝汇报。汉武帝批准后，赵过组织人力拉犁，结果很是喜人：人多的组一天可耕30亩，人少的组一天也可耕13亩。

两牛三人耕作法虽然获得了巨大成功，但由于当时人们驾驭耕牛技术不熟练，铁犁构件和功能也不完备。于是，赵过觉得需要在生产工具上再下功夫、做文章。经过努力，他终于取得了他的第三项革新成果，即创制了三脚耧。

三脚耧是一个状若今天推车的农具，下方有3个开沟的"脚"，上方是下种的"巢"，推把很敦实。播种时，用一头牛拉着耧车，耧脚在平整好的土地上开沟进行条播。

由于耧车把开沟、下种、覆盖、镇压等全部播种的过程统于一

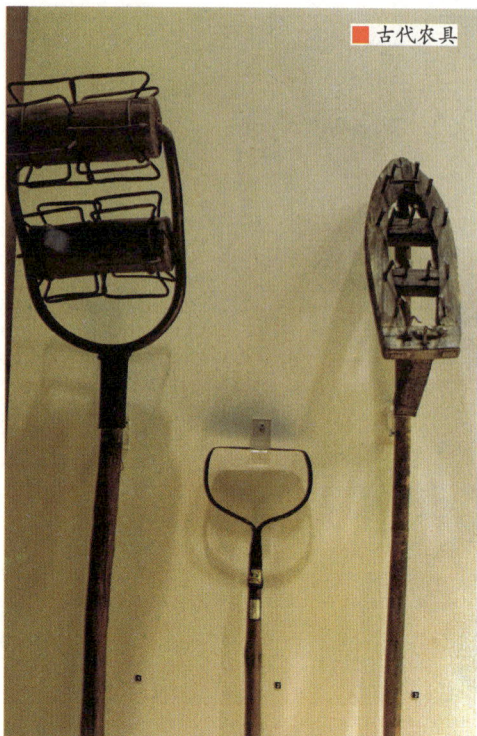
古代农具

机，一次就完工，既灵巧合理，又省工省时，故效率可达"日种一顷"。

赵过的上述农业革新中，代田法实行的时间不长，但作为提高劳动生产率主要物质基础的牛耕及其配套的犁具，却被继承了下来，比如三脚耧，一直沿用了2000多年，直至现代，关中平原仍可见到这种耧。

赵过所创造的新农具和新耕作技术，在我国古代农业科学技术的发展史上占有重要的地位。它所包含的先进技术因素，仍然被后世所继承或吸收，对我国农业科技的发展产生了深刻的影响。

阅读链接

赵过创制的三脚耧据说源于炎帝狩猎的故事。

传说炎帝发现野猪拱土的情形后，就想做一件工具，依照这个方法翻松土地。经过反复琢磨，炎帝在刺穴用的尖木棒下部横着绑一段短木，先将尖木棒插在地上，再用脚踩在横木上加力，让木尖插入泥土。然后将木柄往身边板，尖木随之将土块撬起。

这样连续操作，便耕出一片松地。这种加上横木的工具，史籍上称之为"耒"。后世使用的三脚耧犁地工具，就是在耒的基础上发展起来的。

影响世界的造纸祖师蔡伦

蔡伦（？—121年），字敬仲。生于东汉桂阳郡，即湖南省郴州。我国古代"四大发明"中造纸术的发明者。他作为一名古代宦官，曾在昂贵的丝绸和竹板上书写过，但是，他改造了造纸术，用树皮、鱼网和竹子压制成纸。

造纸术的发明彻底改写了后世中国乃至世界的历史，也使蔡伦屹立于古今中外的杰出人物之列。

蔡伦被誉为"影响人类历史进程的100名人""人类有史以来最佳发明家"之一。

■ 造纸术的发明者蔡伦画像

■ 汉安帝 （94—125年），名刘祜。东汉第六位皇帝。在位19年。谥号"孝安皇帝"，庙号恭宗。死后葬于恭陵。在位期间，内忧外患，太后秉政，宦官当道，后宫争位，可谓百事多艰。

蔡伦出身于普通农民家庭，从小随父辈种田，但他聪明伶俐，很讨人喜欢。

公元75年，蔡伦被选入洛阳宫内作为太监，当时，他只有15岁。他读书识字，成绩优异。

蔡伦为人敦厚谨慎，关心国家利益，勤奋好学，办事专心尽力。汉安帝封其为龙亭侯，封地在今陕西省洋县龙亭铺镇，食邑300户。102年，蔡伦任尚方令，主管宫内御用器物和宫廷御用手工作坊。

蔡伦对工艺技术最突出的贡献是在造纸方面。由于当时工艺的限制，原有的造纸工艺产量不多，成本过高，不宜推广。蔡伦在担任尚方令时，主管尚方的各种事宜。这样，蔡伦就有机会经常和手工工人接触，他们的精湛技术和创造精神对蔡伦后来造纸有深刻的影响。

在当时的汉代，汉武帝批阅奏章，每次必须由两名大力士将奏章抬到龙案上去。这需要抬的奏章，就是由竹简编成的"册"。成语"学富五车"说的是战国时宋国的"名家"代表人物惠施出门讲学访友，必带五牛车的书，后称某人有学问为"学富五车"。

尚方 古代制办和掌管宫廷饮食器物的宫署。秦置，属少府。汉末分为中、左、右三尚方。其象征皇帝最高权力的"尚方宝剑"，就是"尚方"这个部门铸的宝剑。

实际上，5辆牛车拉的全部都是竹简，它们合起来的充其量不过几本长篇小说的容量。现在用一个兜就背走了。

蔡伦善于赋诗作书，需用大量的纸张。他深知缺纸的苦处和书写上的困难。他决心克服困难，攻克难关，改进造纸术，提高纸张质量。

蔡伦首先想到，缣帛很轻便，但价值昂贵，必须利用一些价值低廉的原料来造纸。于是，他利用管理尚方的工作之便，常到乡间作坊察看，见蚕妇缫丝漂絮后，竹箪上尚留下一层短毛丝絮，揭下似缣帛，可以用来书写，从而得到启发。

蔡伦在认真总结劳动人民用各种植物造纸的经验以后，改用了树皮、麻头、破布和旧渔网等，代替原用麻布、丝帛、苧麻、线头等原料，这些原料货源丰富，到处可以找到，价钱便宜，首先解决了以前原料价格高、原料少的问题。

蔡伦的做法，不仅大大降低了产品的成本价格，而且为其大量生产创造了条件。特别是用树皮做原料，开创了近代木浆纸的先声，

> **缫丝** 将蚕茧抽出蚕丝的工艺概称为缫丝。原始的缫丝方法，是将蚕茧浸泡在热盆汤中，用手抽丝，卷绕于丝筐上。盆、筐就是原始的缫丝器具。缫丝是制丝过程的一个主要工序。我国在原始社会已有缫丝，对野蚕茧和家蚕茧进行人工缫丝制作。

■ 惠施 （前390—前317年），即惠子，战国中期宋国人，战国时期著名的政治家、辩客和哲学家，是名家思想的开山鼻祖和主要代表人物。惠施是合纵抗秦的最主要的组织人和支持者，他主张魏国、齐国和楚国联合起来对抗秦国，并建议尊齐为王。

发明巨匠

发明天工与创造英才

■ 古代造纸作坊遗
址遗物"水碓"

为造纸业的发展开辟了广阔的途径。

蔡伦在造纸工艺上也有重大突破。据考古情况推测，当时造纸时，先是把原料洗涤切断，浸渍沤制，并加入适量的石灰浆升温促烂和蒸煮等工序，以后反复大力春捣，分离出纤维纸浆，再把这些纸浆用细帘子捞取，漏去水分，晾干，揭下来，压平研光。改进工艺后生产出来的纸张，具有体轻质薄、价格低廉、经久耐用等特点。

105年，蔡伦将造纸过程、方法写成奏章，连同造出来的植物纤维纸，呈报汉和帝，汉和帝大加赞赏，蔡伦造纸术很快传开。人们把这种纸称为"蔡侯纸"，全国都使用这种纸。

蔡伦对新原料的开辟和对新技术的采用，使造纸从纺织业中独立出来，这是造纸发展史上具有意义重大的转折点。但是，东汉时期政治腐败，统治阶级内部矛盾重重，互相倾轧。

121年，有人向汉安帝告发，蔡伦曾参与谋杀汉安帝祖母的事件。蔡伦获悉后，不愿意受此侮辱，于是沐浴后穿戴整齐，喝毒药而死。

晋人傅成在《纸赋》中赞美蔡伦造的纸精美，令人珍爱，又廉价、方便、洁净，深

■ 蔡伦用来煮纸浆的工具

得人们喜爱。可见蔡伦从根本上改变了纸在社会上的地位。

蔡伦的造纸工艺对现代造纸术仍有直接的影响。现代的造纸业虽均已改用机器打浆和抄纸，但它的基本原理，还是与我国旧造纸方法相同。

蔡伦在草木灰水中蒸煮，这是现代碱法化学制浆过程的滥觞。同时，蔡伦纸模的设计，要能使它的孔与纸浆中的纤维尺寸相适合，既能很快地使水漏下，又能使纸浆纤维留在上面，形成均匀的薄层。

当时虽然用的是细密帘子，却是现代纸模即抄纸器的雏形，而抄纸器是长网造纸机或圆网造纸机的主要部件。可以说，蔡伦的造纸工艺是现代造纸工艺的原始形式。

蔡伦造的麻纸和皮纸是汉代以来我国纸的两大支柱，我国文化有赖这两大纸种的供应而得以迅速发展。纸张基本上取代了简、帛，成了我国唯一的书写

麻纸 是我国古代图书典籍的用纸之一，是一种大部分以黄麻、布头、破屦为主原料生产的强韧纸张。这种纸的特点是纤维长、纸浆粗，麻纸纸质坚韧，虽历经千余年亦不易变脆、变色。外观有粗细厚薄之分，又有"白麻纸""黄麻纸"之别。

四大发明 是指我国古代的四种发明，即造纸术、指南针、火药、活字印刷术。这四种发明对我国古代的政治、经济、文化的发展产生了巨大的推动作用，而且这些发明经由各种途径传至西方，对世界文明发展史也产生了很大的影响。

材料，促进了我国科学文化的传播和发展。

造纸术作为我国的"四大发明"之一，也由我国传播到海外。

造纸术由我国首先传到了朝鲜和越南，大约在隋朝末年，由朝鲜又传到日本。往西又传到撒马尔罕，以至巴格达、大马士革、埃及与摩洛哥等地。

就这样，蔡伦发明的造纸术传遍了整个地球，为人类文明进步做出了不可磨灭的卓越贡献。蔡伦的名字也随着造纸术的传播而传遍了世界，被史学家称之为我国古代科学家。

为了纪念蔡伦的万世功德，人们为他造庙塑像。在蔡伦的故乡桂阳，元朝曾重修蔡伦庙。在他的墓地陕西洋县龙亭辅，也有祠庙，每年有地方政府代表致祭。在国内和日本的造纸工人曾都奉他为祖师。蔡伦的伟大功绩，将永远受到人们的尊敬和纪念。

阅读链接

传说蔡伦在走访民间时来到一条河边，忽见溪水中积聚了一簇枯枝，上面挂浮着一层薄薄的白色絮状物，他蹲下身去，用树枝挑起细看。只见这东西扯扯挂挂，犹如丝绵。

他想到宫廷作坊里从蚕茧里缫丝漂洗完后，残絮遗留在簸箩底部的薄帛，不由得眼中一亮。就急忙找来石臼、竹帘、筛网等工具，就地取材，捣碎、过滤，再捣碎，制成稀浆，捞出后摊在筛网上，晾干揭下。

这便是蔡伦最初试验出来的纸。后经改进，终于成了著名的"蔡侯纸"。

举世敬仰的大发明家张衡

张衡（78—139年），字平子。生于东汉时南阳西鄂，即今河南省南阳市。东汉时期伟大的天文学家、发明家、制图学家、数学家、地理学家、文学家、学者。张衡在汉朝官至尚书，为我国天文学、机械技术、地震学的发展，做出了不可磨灭的贡献。

张衡由于贡献极为突出，后来，联合国天文组织曾将太阳系中的1802号小行星命名为"张衡星"。在后世，人们称张衡为"科圣"，以表彰他的杰出贡献。

天文学家张衡画像

■ 汉光武帝 （前5—57年），名刘秀。东汉王朝开国皇帝。谥号"汉光武皇帝"，庙号汉世祖，葬于汉陵。我国历史上著名的政治家、军事家。在位33年，大兴儒学，推崇气节，东汉一朝也被后世史家推崇为我国历史上"风化最美、儒学最盛"的时代。

张衡出身于名门望族。其祖父张堪自小志高力行，被人称为"圣童"，曾把家传余财数百万让给侄子。汉光武帝登基后张堪受荐拜官。曾被任为蜀郡太守。

其后又领兵抗击匈奴，曾以数千骑兵击破匈奴来犯的1万骑兵，因功又拜渔阳太守。此后在他的任期内匈奴再也没有敢来侵扰。他又教人们耕种，开稻田8000顷，人们由此致富。

张衡像他的祖父一样，自小刻苦向学，很有文采。16岁以后曾离开家乡到外地游学。他先到了当时的学术文化中心三辅，即今陕西西安一带。这一地区壮丽的山河和宏伟的秦汉古都遗址给他提供了丰富的文学创作素材。以后又到了东汉首都洛阳。

在那儿，他进过当时的最高学府太学，结识了一位青年学者崔瑗，与他结为挚友。崔瑗是当时的经学家、天文学家贾逵的学生，也精通天文、历法、数学等学问。

108年，张衡回到南阳家中。在南阳期间，他致力于研究天文、阴阳、历算等学问，并反复研究西汉扬雄著的《太玄经》。他在这些方面的名声引起了汉安帝的注意。

111年，张衡被征召进京，拜为郎中。114年迁尚书郎。次年，迁太史令。以后曾调任他职，但5年后复为太史令。

总计前后任此职达14年之久，张衡许多重大的科学研究工作都是在这一阶段里完成的。

丰富的生活经历，使张衡能够接触到社会下层的劳动群众和一些生产、生活实际，从而给他后来的科学创造事业带来了积极的影响。

张衡是一位具有多方面才能的科学家。他在数学、地理、绘画和文学等方面，都表现出了非凡的才能和广博的学识。而浑天仪和地动仪两项发明创造，最能反映张衡的发明创造成就。

■ 天文学家张衡发明的浑天仪

发明巨匠

发明天工与创造英才

■ 浑天仪雕塑

天体 宇宙中各种实体的统称。通常不把行星际、星际和星系际的弥漫物质以及各种微粒辐射流等称为天体。人类发射并在太空中运行的人造卫星、宇宙飞船、空间实验室、月球探测器、行星探测器、行星际探测器等则被称为人造天体。

张衡所制的浑天仪是浑仪和浑象的总称。浑仪是测量天体球面坐标的一种仪器。浑仪模仿肉眼所见的天球形状，把仪器制成多个同心圆环，整体看犹如一个圆球，然后通过可绕中心旋转的窥管观测天体。

浑象是用来演示天象的仪表。浑象的构造是一个大圆球上刻画或镶嵌星宿、赤道、黄道、恒稳圈、恒显圈等，类似现今的天球仪。

浑象开始时是在天球外围的地平圈，以象征地。天球转动时，球内的地仍然不动。张衡的浑象是他设计的漏水转浑天仪的演示部分。以后，天文学家还多次制造过浑象，并且和水力机械联系在一起，取得了和天球周日运动同步的效果。

张衡在创制了浑天仪之后曾写过一篇文章。此文全文已佚。只是在梁代刘昭注《后汉书·律历志》时作了大段引述而使之传世。

在这篇文章中，张衡介绍了在天球仪上直接比量以求取黄道度数的办法：用一根竹篾，穿在天球两极。竹篾的长度正与天球半圆周相等。将竹篾从冬至点开始，沿赤道一度一度移动过去，读取竹篾中线所截的黄道度数，将此数与相应的赤道度数相减，即得该赤道度数或黄道度数下的黄赤道差。

这种以赤极为基本点所求得的黄经度数，今人名之为"伪黄经""极黄经"。对于像太阳这样在黄道上运动的天体，其伪黄经度数和真正的黄经度数是相等的。而对黄道之外的天体，则二者是有区别的，距黄道越远，差别越大。

当然，除了正好在二至圈上的点之外。二至圈就是过冬至、夏至点及赤极和黄极的大圆。

张衡还在文中给出了所谓黄道赤道差的变化规

■ 故宫里的浑天仪

图谶 图谶萌芽于先秦时代的"河图洛书"。河图洛书原是一种应帝王受命的祥瑞和神物。人们对其作了种种推演、改造，"河图洛书"遂演变成"龙马负图，神龟贡书"的神话般的传说故事及图谶之说，并日益图式化和玄理化。

■ 古天文图

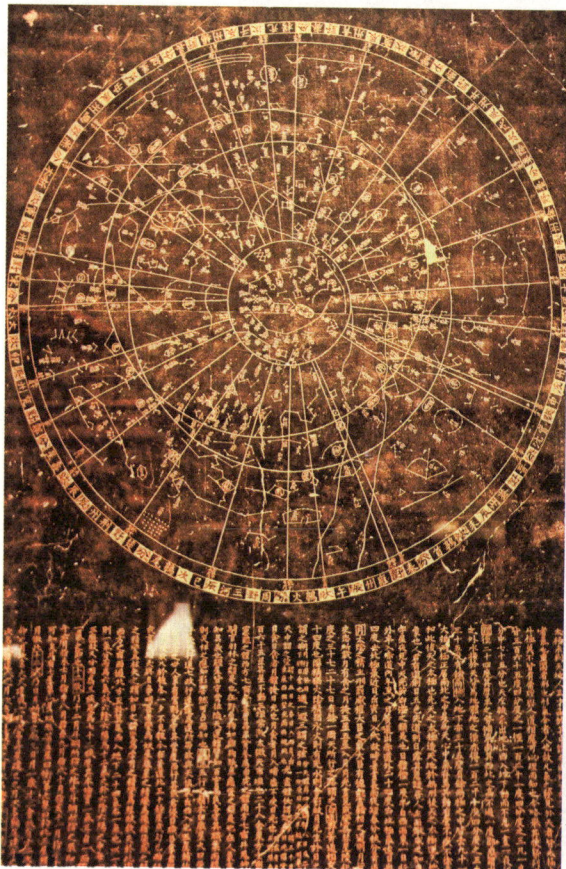

律。将赤道均分为24等分，然后用上述方法求取每一分段相当的黄道度数。此度数与相应赤道度数的差即所谓黄赤道差。这是我国古代所求得的第一个黄赤道差规律。

黄赤道差后来在我国历法计算中起了很重要的作用，作为首创者的张衡其贡献是不可磨灭的。

张衡曾参加过一次东汉王朝的历法大讨论，这件事发生在123年。据《汉书·律历志》记载，张衡当时任尚书郎之职。

这次大讨论的起因是，有人从图谶和灾异等迷信观念出发，非难当时行用的较科学的东汉《四分历》，提出应改用合于图谶的《甲寅元历》。

又有人从汉武帝"攘夷扩境，享国久长"出发，认为应该倒退回去采用《太初历》。

张衡和另一位尚书郎对上述两种意见提出了批驳和诘难，使这二宗错误意见的提出者或者是无言以对，或者是所答失误，从而为阻止历法倒退做出了贡献。

张衡在讨论中还研究了多年的天文观测记录，

把它们和各种历法的理论推算出来进行比较，提出了鉴定，认为《九道法》最精密，建议采用。他建议采用《九道法》本是当时最合理、最进步的，但却未能在这场大讨论中获得通过。这是我国历法史上的一个损失。

■ 发明家张衡发明的地动仪

张衡还有一个杰出贡献就是发明了震烁古今的候风地动仪。不过，要声明的是，现在所见到的地动仪，并不是张衡发明的地动仪，而是后人复原的。

候风地动仪有8个方位，每个方位上均有一条口含铜珠的龙，在每条龙的下方都有一只蟾蜍与其对应。任何一方如有地震发生，该方向龙口所含铜珠即落入蟾蜍口中，由此便可测出发生地震的方向。

张衡刚刚发明候风地动仪时，利用这架仪器成功地测报了西部地区发生的一次地震，引起全国重视。这比起西方国家用仪器记录地震的历史早1000多年。

蟾蜍 也叫癞蛤蟆。两栖动物，体表有许多疙瘩，内有毒腺，俗称癞蛤蟆。可能是因为蟾蜍写实形象，再加上它足够机警，闻声鼓叫或很快弹跳逃走，所以被张衡用来做候风地动仪的构件。

候风地动仪内设有"都柱"，即悬垂摆，摆下方有一个小球，球位于"米"字形滑道交汇处，地震时，都柱拨动小球，小球击发控制龙口的机关，使龙口张开。

张衡在当时已经利用了力学上的惯性原理，都柱实际上起到的正是惯性摆的作用。同时，张衡对地震波的传播和方向性也一定有所了解。这些成就在当时来说是十分了不起的。

世界上地震频繁，真正能用仪器观测地震，在国外，是19世纪以后的事。候风地动仪乃是世界上的地震仪之祖。虽然它的功能尚只限于测知震中的大概方位，但它却超越了世界科技的发展1800年之久！

从上面所介绍的浑天仪和候风地动仪的构造即可得知，张衡掌握了很高明的机械技术。他的朋友崔瑗在为他写的墓碑中赞道："数术穷天地，制作侔造化。"前一句是道他数学天文学知识之渊博，后一句则是赞他制造的各种器物之神奇。

所谓神奇，其实是由于张衡巧妙地运用各种机械技术的结果。这样神奇的事情在张衡身上很多。传说他当时还制作过两件神奇的器物。一件是有3个轮子的机械，可以自转；一件是一只木雕，能在天上飞翔。

张衡还有更大的神奇，那就是发明了指南车。这个指南车上装着一个木头人，不管车子怎么转动，但木头人的手始终指向南方。

张衡又发明了记里鼓车，车上放着一个鼓，鼓的两端各坐一个手持棒槌的木

地动仪下方承接小球的蟾蜍

人，车轮转动149周，便为一里，木人出手击鼓报告。

上述这些都是用机械原理制成的，可见张衡在机械技术方面是非常高明的。《太平御览·工艺部九》引晋代葛洪《抱朴子》说道："木圣：张衡、马钧是也。"

现我国科技史学家都公认马钧是我国三国时代一位杰出机械发明家，而在葛洪看来，张衡、马钧都是一代"木圣"。

此外，在文学方面，张衡是汉赋发展史上承前启后、具有划时代巨大贡献的重要作家。《二京赋》《思玄赋》和《归田赋》历来被公认为是他的代表作。实现了汉赋主体从铺采摘文、闳衍巨侈、重体物而淹情志，向清新爽丽、短小精练、情境相生的转变，而掀开了抒情小赋的创作时代。

张衡的《灵宪》是杰出的古代天文学著作，是他有关天文学的一篇代表作，全面体现了他在天文学上的成就和发展。

张衡也是东汉的大画家，他绘制的《地形图》一直流传到唐代，被唐代张彦远列为东汉六大画家之一。当时还流传有他用脚画一只神兽的故事。故事虽然神化了，但也反映出张衡有很高的画技。

由于张衡在世界科学界和文学界的伟大成就，20世纪50年代，我国曾先后发行了关于张衡和地动仪的

■ 地动仪上的龙

汉赋 在汉代涌现出的一种有韵的散文，它的特点是散韵结合，专事铺叙。两汉的文人多致力于这种文体的写作，因而盛极一时，后世往往把它看成是汉代文学的代表。西汉司马相如、扬雄，东汉班固、张衡被誉为"汉赋四杰"，其作品代表了汉赋的最高水平。

■ 张衡塑像

纪念邮票。张衡也被列为世界文化名人，国际上把他同伽利略、哥白尼、开普勒齐名并提。

张衡具有极高的世界威望，取得了多项世界性荣誉。1970年国际天文学会命名月球上的环形山为张衡山；

1977年将太阳系中一颗编号为1802的小行星命名为张衡星；

1995年，我国国家天文台又将编号为9092的小行星命名为南阳星；

2003年，就在张衡诞辰1925周年之际，国际小行星中心将新命名的"南阳星"向世界发布，为世界各国所公认。

张衡因南阳奋起，南阳因张衡而闻名。张衡，永远是南阳人民乃至世界人民的骄傲！

发明巨匠

发明天工与创造英才

阅读链接

张衡墓位于南阳市北25千米石桥镇南小石桥村西20米处，墓地坐落在一个周围平坦、中间略高的台地上。

据有关史料记载，汉时陵园建造宏伟，翁仲、石兽对立，祠庙巍峨壮观。后经战乱，胜迹已荡然无存。

新中国成立后重修了张衡墓，于墓前立方碑一座，碑文为中国科学院院长郭沫若撰写："如此全面发展之人物，在世界史中亦所罕见，万祀千龄，令人景仰！"

墓北读书台遗址，亦重新建台立碑。张衡墓今已成为国内外游客瞻仰游览之胜地。

制作冶炼鼓风装置的杜诗

　　杜诗（？—38年），字君公。生于东汉时河内汲县，即今河南省卫辉。东汉官员及发明家。公元31年，杜诗出任南阳太守，他提倡节俭，兴利除害，为政清平。他在南阳太守任上，创造水排，以水力传动机械，使皮制的鼓风囊连续开合，将空气送入冶铁炉，铸造农具，用力少而见效多，是我国冶金史上的一大改革。较欧洲约早1100多年。

　　杜诗又征发民工修治陂池，广开田地，在当时十分有利于农业生产的大发展。他有"杜母"之称。在当地，人们称为"前有召父，后有杜母。"

■ 发明家杜诗画像

汉光武帝刘秀像

发明巨匠

发明天工与创造英才

河内郡 我国古代以黄河以北为河内。汉高祖即位时设置殷国,次年改名为河内郡,位于太行山东南与黄河以北。201年,司马懿为河内郡的上计掾。河内郡有平姓望族,世称河内望。

杜诗青年时期就才能出众,在河内郡任吏员时,人们赞扬他处事公平。汉光武帝初年,为侍御史。当时有个将军放纵士兵,在洛阳民间为非作歹,老百姓惶恐不安。杜诗通告这位将军约束部下,但他不予理睬。杜诗下令依法惩处,并将情形经过向上汇报,得到表扬。

光武帝见他能干,又派他去河东郡诛剿叛乱势力。杜诗到了河东郡,听说叛军企图北渡,立即派人设法焚烧掉他们的渡船;另又派人收服河东郡的地方军,并进行突然袭击,终于歼灭了叛军。

杜诗在任成皋令的3年间后,因政绩斐然,累次升迁,最后至南阳郡太守。在南阳郡任职期间,更是政治清平,政化大行。杜诗为官两袖清风,病死时竟贫困得无田宅,最后由朝廷赐赙才得以丧葬。

杜诗做了两件在科学技术史上有意义的事,一是兴修水利;二是制作水排。

杜诗在水利事业上作出了很大贡献。秦汉时期,长江流域的灌溉以汉水支流唐白河地区的发展最为显著,而唐白河的灌溉又以今河南省的南阳、邓县、唐河、新野一带较为发达。

唐白河地区为冲积平原,年降雨量约900毫米左右，气候温和，适于作物生长。这里开发较早，到西汉中期经济已相当发达。农田水利在西汉后期有突飞猛进的发展。

汉元帝时，即公元前48年至公元前33年间，南阳太守召信臣对此地的水利和农业生产有特殊贡献，因而受到当地百姓的拥戴，被誉为"召父"。

至东汉时期，南阳水利事业进一步兴盛，杜诗在这方面也做出了很大成绩。据史载，杜诗"修治陂池，广拓土田，郡内比室殷足。"

杜诗采取的水利措施，有力地促进了当地农业生产的大发展。被当时的南阳人称赞说："前有召父，后有杜母。"

最能体现杜诗创造力的是他制作的水排。最初的鼓风设备叫人排，用人力鼓动。继而用畜力鼓动，因多用马，所以也叫马排。

直至东汉初年，南阳太守杜诗经过实际考察，发明了一种利用水力鼓动风箱的工具，即称为水排。杜诗发明水排，一改我国传统的冶炼鼓风装置，大大提高了劳动效率。

唐白河　唐白河由唐河、白河两条主要分支组成。白河发源于河南嵩县攻离山；唐河发源于河南方城县七峰山的北柳树沟。白河与唐河在湖北省襄阳县龚家嘴汇合后，始称唐白河。唐白河流域大部分位于河南省南阳地区，为"南阳盆地"所在，是重要的农业区。

■ 汉元帝 （前74—前33年），名刘奭。公元前49年继位，在位16年，谥号"元帝"，庙号高宗，葬于渭陵。宣帝是"中兴之主"，维持了西汉平稳发展的局面，但从元帝开始，西汉开始衰落，所谓"元、成、哀、平，一代不如一代。"

■ 古法冶炼

发明巨匠

发明天工与创造英才

鞲鞴 即活塞，唧筒里或蒸汽机、内燃机的气缸里往复运动的机件。作用是把蒸气或燃料爆发的压力变成机械能。"鞲鞴"是西方传入的蒸汽机活塞的早期译名，一度广为使用。随着现代科技术语翻译规范的推行，"鞲鞴"已经被通俗的用法"活塞"取代。

所谓"水排"，就是利用水力推引鞲鞴鼓风的器具，用于冶金。水排是我国古代一种冶铁用的水利鼓风装置。

人类早期的鼓风器大都是皮囊。一座炉子用好几个囊，放在一起，排成一排，就叫"排囊"用水力推动这些排囊，就叫"水排"。

生铁的早期发明，是我国对世界冶金技术的杰出贡献。要获得液态生铁，就需有较高的炉温。有风就有铁，而鼓风技术对于生铁冶铸的发展有着十分重要的意义。

《礼记》说："良冶之子，必学为裘。"从商周以来，都用皮囊鼓风，子继父业，年轻工匠必须学会缝制皮囊的技巧。说明早期冶铸匠师高度重视鼓风器具的制作。

《后汉书·杜诗传》说："杜诗造作水排，铸为农器，用力少，见功多，百姓便之。"水排的功效不仅比人排高，就是比马排也高得多。

南阳自战国时，就是著名的冶铁基地。汉武帝曾在此设铁官，据发掘材料，南阳郡内有汉代冶铁和铸造作坊5至7处，从事冶铁者世代相传，在鼓风冶铸方面积累了丰富经验。

在水排之前，早已使用水碓舂米，杜诗总结了这些经验发明了水排。正是由于杜诗的倡导，水排在南阳地区已较多地使用。

杜诗创制的水排，具体的结构当时缺乏记载，直至元朝王祯在他著的《王祯农书》中，才对水排作了

铁官 我国秦汉时期管理铁的冶铸事业的机构。古代官职与机构往往同名，铁官一词有时也指官职。汉代冶铁手工业空前发展，管理冶铁的机构扩大，职官组织也系统化，地方郡、县、侯国设铁官50处，产铁的县设大铁官，不产铁的县设小铁官。

■ 水排模型

家用鼓风机

详细的介绍。书中说：

> 其制，当选湍流之侧，架木立铀，作二卧轮；用水激下轮。则上轮所用弦通缴轮前旋鼓，棹枝一侧随转。其棹枝所贯行桄而推挽卧铀左右攀耳，以及排前直木，则排随来去，搧冶甚速，过于人力。

意思是说，选择湍急的河流的岸边，架起木架，在木架上直立一个转轴，上下两端各安装一个大型卧轮，在下卧水轮的轮轴四周装有叶板，承受水流，是把水力转变为机械转动的装置。

在上卧轮的前面装一鼓形的小轮，即"旋鼓"，与上卧轮用"弦索"相连，这相当于现在的传送皮带；在鼓形小轮的顶端安装一个曲柄，曲柄上再安装一个可以摆动的连杆，连杆的另一端与卧轴上的一个"攀耳"相连，卧轴上的另一个攀耳和盘扇间安装一根"直木"，即相当于往复杆。

这样，当水流冲击下卧轮时，就带动上卧轮旋转。由于上卧轮和鼓形小轮之间有弦索相连，因此上卧轮旋转一周，可使鼓形小轮旋转几周，鼓形小轮的旋转又带动顶端的曲柄旋转，这就使得和它相连的连杆运动，连杆又通过攀耳和卧轴带动直木往复运动，使排扇一启一闭，进行鼓风。

杜诗水排不仅运用了主动轮、从动轮、曲柄、连杆等机构把圆周运动变为拉杆的直线往复运动，还运用了皮带传动，使直径比从动轮小的旋鼓快速旋转。它在结构上，已具有了动力机构、传动机构和工作机构三个主要部分，因此实际上可以看作是现代水轮机的前身，水排的出现标志着我国复杂机器的诞生。

远在1400多年以前，就能创制出这样完整的水力机械，确实显示了我国古人的高度智慧和创造才能，在世界科技史上占有重要的地位。在欧洲，使用水力鼓风设备的鼓风炉到11世纪才出现，而普遍使用却是14世纪的事了。

水力鼓风有十分重要的意义，促进了冶铁业的发展。水排不但节

木质鼓风机

省了人力、畜力，而且鼓风能力比较强，增强了风力在炉里的穿透能力。一方面可以提高冶炼强度，另一方面可以扩大炉缸，加高炉身，增大容积。

这就大大地增加了生产能力。足够强大的鼓风能力，足够高大的炉子，是炼出生铁的必要条件。

欧洲人能在14世纪炼出生铁来，和水力鼓风的应用是有一定关系的。水排的发明是人类利用自然力的一次伟大胜利。

杜诗创制的水排，是我国古代的一项伟大的发明，是机械工程史上的一大发明，在我国古代冶炼工艺发展史上具有里程碑式的意义，也在世界科技史上占有重要的地位。

发明天工与创造英才

■ 现存的木质风箱

阅读链接

杜诗虽然在外做官，但是对朝廷竭尽衷心，直方敢谏，擅长出谋划策。在任七年，政绩教化十分的显著。

有一年，因派门客为弟弟报仇犯罪，被朝廷征召，正赶上他因病去世了。司隶校尉鲍永上书说，杜诗贫困没有土地和住宅等产业，死了以后没有办丧事和埋葬的地方。皇上听后很是痛心，失去了这样一位清正廉洁的大臣。皇上下令在郡邸办丧事，并赏赐一千匹绢。

机械发明与制造专家马钧

马钧，字德衡，生于扶风，即今陕西兴平，三国时期的著名机械制造专家。他曾在魏国担任给事中的官职。马钧从小口吃，不善言谈。但是，他具有高超的制造技巧，发明和制造了织绫机、水车、指南车等多种机械，成为我国古代非常有名的机械发明和制造专家，为古代机械制造技术的发展做出了巨大贡献，奠定了我国生产制造业的发展。

因为马钧在传动机械方面具有很深的造诣，所以当时的人们对他有很高的评价，称他为"天下之名巧"。

■我国古代机械大师马钧画像

发明巨匠

发明天工与创造英才

■ 魏明帝曹叡（204—239年），字元仲。曹操之孙。三国时期曹魏的第二位皇帝。能诗文，与曹操、曹丕并称魏之"三祖"。在位前期，成功防御了吴、蜀的多次攻伐，平定鲜卑，攻灭公孙渊；而后期大兴土木，临终前托孤不当，导致后来朝政动荡。

马钧早年生活比较贫困，长时间住在乡间。当时正是封建军阀混战、社会动荡不安的东汉末年。在当时，魏、蜀、吴三国的统治者，为了增强各自的力量，都比较注意恢复和发展生产，而恢复和发展生产，就需要解决生产中遇到的一些技术问题。

魏明帝曹叡在位时，马钧在魏国朝廷里担任博士。在此期间，他潜心钻研技术，希望能在这方面有所作为。马钧的发明创造，是从改进织绫机开始的。

织绫机是我国古代一种织丝机具，能织出提花的丝织品。在当时，这种织绫机，每台有50组或60组经线，需要120个踏板。织成一匹散花绫，要用两个月时间。由于工序复杂，费时费力，价钱很高，普通老百姓根本买不起。马钧经过深入钻研，多次试验，终于改制成功，造出了新式的织绫机。

马钧改制的织绫机，把原来织机上50组或60组经线合并成12组，这样，只需要安装12个踏板就行了。同时，他还在织机上设计安装了一些别的装置，使之操作起来更为灵便。

经过马钧的改进，新织绫机不仅更精致，更简单适用，而且生产效率也比原来的提高了四五倍，织出的绫锦，花纹图案奇特，花型变化多样，受到了广大丝织工人的欢迎。

新织绫机的诞生，是马钧一生中最早的贡献，它不仅推动了我国古代丝织技术的发展和提高，而且为后来制造和推广家庭使用的织布机奠定了基础。

如果说马钧发明的织绫机的改良推动了手工业生产的发展，那么，他发明的"翻车"则极大地推动了农业生产的发展。

当时，洛阳城里有一块空地，很适合种植蔬菜。但是因为这里的地势较高，无法引水灌溉，所以一直荒芜着。马钧看到这种情况，觉得让这块可耕地荒芜下去，非常可惜。于是，他为了把这块荒地改成菜园，决心研制一种提水工具，解决灌溉问题。

经过长时间的思索和精心设计，一种新型的提水工具终于创制出来了。这种工具名叫"翻车"。马钧又进行了多次试验，证明翻车能够把河水提上坡地，非常管用。

因为翻车内用来刮水的木板叶，是一节一节地连接起来的，好像龙骨一样，所以也称为"龙骨水车"，简称水车。又因为它操作时是用双脚踩动，所以又叫作踏车。

■ 马钧发明改良的织绫机

发明巨匠

发明天工与创造英才

由于它的结构灵巧，不需要花费多大的力气，因此连小孩子都可以操作。翻车运转起来，提水的效率大大提高了。这样，不仅使洛阳城内的那片荒地变成了菜园，而且在我国农村中很快得到普遍的推广应用，大大促进了农业生产的发展。马钧发明的翻车，一直流传了下来。

马钧还成功制造了指南车。传说我国上古时代，黄帝在同蚩尤作战时，曾使用过指南车辨明方向。西周时，周公也制作过指南车，但是没有流传下来。马钧对这种指南车非常有兴趣，很想将它制造出来。于是，马钧夜以继日地苦心钻研，过了一段时间，终于把指南车制造成功了。

这辆指南车在实际表演中非常灵巧，无论驾车的人将它向东南西北哪个方向转动，车子上站立着的木人始终手指南方。其中巧妙之处，简直无法用语言表达出来。人们交口称赞马钧，就连皇上也很佩服。

指南车也称司南车，是用来指示方向的两轮车。它的发明，是我国古代机械制造方面的一项重大成

■ 马钧发明的龙骨水车

■ 马钧发明的指南车模型

就。可惜的是，马钧制作的指南车，既没有实物保存和流传下来，它的制造方法也没有记载。

除了织绫机、龙骨水车和指南车，马钧还创制了一种能够连续射出石头的军事器械，名叫"发石车"，也可称之为射石机。

当时，蜀国丞相诸葛亮创制了一种利用机械力量连续发射箭矢的武器，称为"连弩"。据说每次能射出10枝箭，杀伤力强，对魏国将士的威胁很大。

马钧看到连弩后，认为这种武器虽然巧妙，但是还不够完善。他没有去改进连弩，而是创制了一种轮转式射石机。原来有一种单发式射石机，每次只能射出一块石头，而且射出的石头往往被敌方城楼上悬挂的湿牛皮挡住落地了，因此威力不大。

马钧经过研究后，将原来的射石机加以改制。他

诸葛亮（181—234年），字孔明，号卧龙或伏龙。生于琅琊阳都，即今山东省临沂市沂南县。三国时期蜀汉丞相，杰出的政治家、军事家、发明家、文学家。封武乡侯、武兴王，谥号"忠武侯"。后世极推诸葛亮为忠臣楷模，智慧化身。

■ 仿古制作的投石机

木偶 古代叫傀儡、魁傀子、窟傀子。用它来表演的戏剧叫木偶戏。木偶戏是由艺人操作木偶表演故事的一种戏曲形式。我国的木偶戏兴起于汉代，至唐代有了新的发展和提高，能用木偶演出歌舞戏。宋代是我国木偶戏发展的一个重要时期，木偶的制作工艺和操纵技艺进一步成熟。清代以后木偶戏进入全盛时期。

制作一个木轮，将几十块石头挂在木轮上，利用机械力不断地转动木轮，然后割断拴石头的绳子，于是石头就接连不断地向敌方的城楼射去。其速度如闪电一般，十分厉害。这种轮转式射石机，在当时来说，真可以算得上是一种远射程的先进攻城武器。

马钧在传动机械方面的研究，造诣是很深的，成绩也是极其卓著的。"水转百戏"的研制成功，也能说明这一点。

有一次，有人进献给魏明帝一种木偶百戏，造型相当精美，可那些木偶只能摆在那里，不能动作，魏明帝觉得很遗憾。

魏明帝命马钧加以改造。没有多久，马钧则成功地创造了"水转百戏"。他用木头制成原动轮，以水力推动，使其旋转。通过传动机构，这样，上层的所有陈设的木人都动起来了。有的击鼓，有的吹箫，有的跳舞，有的耍剑，有的骑马，有的在绳上倒立，还有百官行署，真是变化无穷。并且这些木人出入自由，动作极其复杂，巧妙程度是原来的百戏木偶无法比拟的。

"水转百戏"的研制成功，在我国古代木偶艺术中，应该说是非常卓越的创造。它虽然是供封建统治者玩乐的东西，但从另一方面看，马钧已能熟练掌握和巧妙利用水利和机械方面传动的原理。

马钧在机械设计和制造方面的才能当时就已闻名于天下，受到人们的钦佩。南朝史学家裴松之为《三国志》作注时写道："时有扶风马钧，巧思绝世。"这是对马钧的恰当评价。

在我国古代科学技术史上，马钧是古代机械制造专家的杰出代表，他的功绩和名字将永载史册，为后人所铭记。

裴松之（372—451年），字世期，是我国历史上杰出的史学家之一。他是南朝宋河东闻喜，即今山西省闻喜人。后移居江南。著名史学家，为《三国志注》作者。与裴骃、裴子野祖孙三代有史学三裴之称。鉴于裴松之对史注的创新贡献，他被后人列为史学大家，在我国史学发展史上，占有重要的地位。

阅读链接

有一次，马钧和两个官员在朝廷上争论关于指南车的事。两个官员说，古代根本没有指南车，记载的是虚假的。

马钧说："古代是有指南车的，我们没有看到过它罢了。"

两人嘲笑他说："您大名是钧，大号是德衡。'钧'是陶器的模具，'衡'是定东西轻重的，你现在这个'衡'定不出轻重，还想做得出模具来吗？"

马钧说："讲空话，瞎争论，还不如试一试可以见效。"

后来，马钧就把指南车造成了。从此之后，天下人都佩服他的技术高明了。

炼丹家和医药学家葛洪

葛洪（284—363年），字稚川，自号抱朴子。生于晋时丹阳郡句容，即今江苏省句容县。东晋时期著名的道教领袖，炼丹家、医药学家。内擅丹道，外习医术，研精道儒，学贯百家，思想渊深，著作宏富。

是我国东晋时期有名的医生，是预防医学的介导者。他在炼丹术和医药学上都有重要的成就，对后世的影响极为深远。他著有《神仙传》《抱朴子》《肘后备急方》《西京杂记》等。

■ 葛洪画像

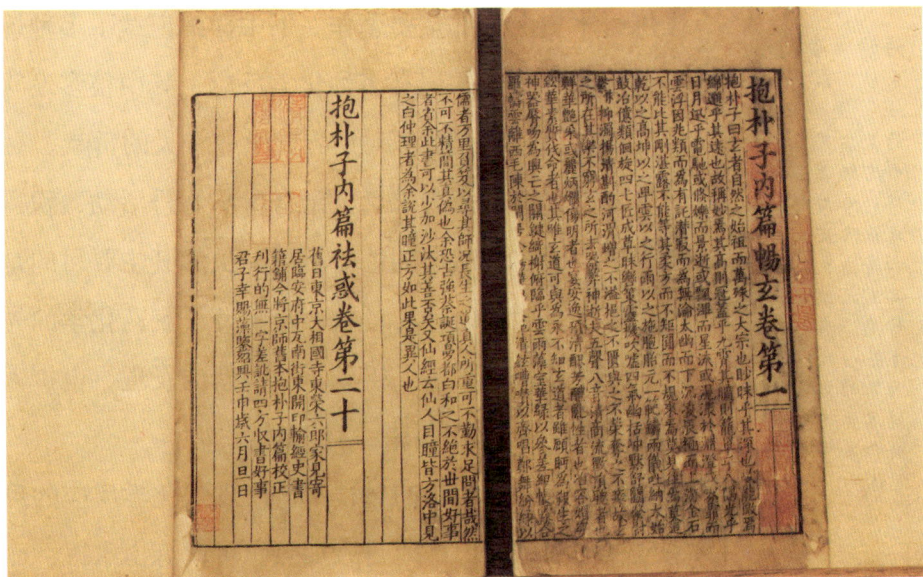

葛洪出身于江南士族，他16岁开始读《孝经》《论语》《诗》《易》等儒家经典，尤其喜欢神仙导养之法。

■ 葛洪的著作《抱朴子》

西晋末年，流民领袖张昌在江夏起义，命人东占江州和扬州。江南世族、义军大都督顾秘邀葛洪为将兵都尉，镇压起义。葛洪消灭了占据江、扬二州的势力，但他不受封赏，赴洛阳搜书求学。适逢八王之乱，葛洪避乱南至广州，羁留多年，后返还乡里。

东晋建国后，因葛洪镇压起义有功，赐爵关内侯。后来有人推荐他做散骑常侍，又兼撰修国史，但葛洪还是固辞不就。

有一次，葛洪听说扶南和越南南部出产丹砂，就申请到勾漏县做县令，因为勾漏县地处广西，那里离丹砂产地比较近，后来经过广州被朋友劝阻。从这以后，他入罗浮山修道炼丹、著述，直至谢世。

葛洪一生所留的著作很多，其中《抱朴子》是我

士族 又称门第、衣冠、世族、势族、世家、巨室、门阀等。东晋时士族制度得到充分发展，进入鼎盛阶段。原因是东晋王朝依靠南北士族的支持才得以存在。这种政治格局一直延续到东晋末年，长达一个世纪之久。

丹砂 又称辰砂、朱砂、赤丹、汞沙，是硫化汞的天然矿石。丹砂有解毒防腐作用；外用能抑制或杀灭皮肤细菌和寄生虫。至于其有无镇静催眠作用，目前认识不甚一致。朱砂为汞的化合物。进入体内的汞，会损害中枢神经系统。

国炼丹术史上一部重要著作。书中详细记载了多种炼丹典籍和方法，并记有多种化学反应，其中很多发明堪称世界第一，是我国对世界化学非常大的贡献。

葛洪对炼丹极为推崇，亲身参与炼丹活动，积累了很多经验。他从事的炼丹活动，虽然其主要目的是为了炼制长生不老药，却从客观上开了制药化学的先河。他在无数试验中，得到了一些新的发现，也扩大了化学药物的应用范围。

葛洪在炼制水银的过程中，发现了化学反应的可逆性，他明确指出，对丹砂加热，可以炼出水银，而水银和硫黄通过化合，又能变成丹砂。他还指出，用四氧化铅可以炼得铅，铅也能炼成四氧化铅。

葛洪的炼丹还对火药的发明有重要贡献。他所炼制的丹药，和古代其他炼丹家一样，主要成分是有毒

■ 葛洪炼丹塑像

的汞、铅、砷、硫的化合物，因此，历代因服食丹药而中毒的事故屡有发生。

■《四库全书》

隋唐以后，人们逐渐丧失了对炼丹术的信仰，至宋代，以气功导引为基础的"内丹"学说开始盛行，而被称为"外丹"的炼丹术则逐步走向衰落。

然而，炼丹家们取得的化学成就，却作为我国科技史上辉煌的一页而永载史册。而炼丹术在医学上的贡献同样是巨大的，尤其是以外用丹药治疗外科疾患，其疗效与安全性都得到了越来越充分的肯定。

后世一些外科著作中，大量记载有关丹药的制备方法与临床运用。古代盛极一时的炼丹术，在内服丹药没落之后，其外用丹药的支流作为中医外科的一个重要组成部分一直流传至今。例如收入《四库全书》的葛洪的《肘后备急方》就是其一。

葛洪的医学思想非常具有群众性。在当时，他深感民间疾病发生的可怕，又没什么简单易行的自疗方法，就决定编一部简单应急的医书。

炼丹术 古代炼制丹药的一种传统技术，是近代化学的先驱。炼丹法所制成的药物有外用和内服两种，外用者至今还很有价值，内服则由于其毒性较大而逐渐被淘汰。所谓"神丹妙药"，以求"长生不死"，则是荒谬的。

于是，他收集了许多简便易行的医方，所需药品也都是一些价廉效显、容易得来的药物，编成了《肘后备急方》。"肘后"的意思就是可以时常夹带在胳膊肘下，这与现在的"应急手册"殊途同归。

《肘后备急方》在传染病、寄生虫病、症状学、治疗学等领域皆有其详尽的见解，并创下了许多古代世界之最。

在《肘后备急方》里面，葛洪记述了一种叫"尸注"的病，他说这种病会互相传染，并且千变万化。染上这种病的人闹不清自己到底哪儿不舒服，只觉得怕冷发烧，浑身疲乏，精神恍惚，身体一天天消瘦，时间长了还会丧命。

葛洪描述这种病，就是现在我们所说的结核病。结核菌能使人身上的许多器官致病。肺结核、骨关节结核、脑膜结核、肠和腹膜结核等，都是结核菌引起的。葛洪是我国最早观察和记载结核病的科学家。

葛洪的《肘后备急方》中还记载了一种犬咬人引起的病症。犬就是疯狗。人被疯狗咬了，非常痛苦，病人受不得一点刺激，只要听见一点声音，就会抽搐痉挛，甚至听到倒水的响声也会抽风，所以有人把疯狗病又叫"恐水病"。

■ 位于嵩山中岳庙内的炼丹炉

天花 是由天花病毒引起的一种烈性传染病，是到目前为止，在世界范围被人类消灭的第一个传染病。1980年，夺去无数生命的烈性传染病，在地球上消灭了。我国古代医学家对防治天花的功绩，是不可磨灭的。

在当时，人们对这种病没有什么治疗办法。葛洪想到以前有以毒攻毒的办法。例如我国最早的医学著作《黄帝内经》里就说，治病要用"毒"药，没有"毒"性治不了病。

葛洪想，疯狗咬人，一定是狗嘴里有毒物，从伤口侵入人体，使人中了毒。能不能用疯狗身上的毒物来治这种病呢？他把疯狗捕来杀死，取出脑子，敷在犬病人的伤口上。果然有的人没有再发病，有人虽然发了病，也比较轻些。

葛洪用的方法是有科学道理的，含有免疫的思想萌芽。葛洪对狂犬病能采取预防措施，可以称得上是免疫学的先驱。

在世界医学历史上，葛洪还第一次记载了两种传染病，一种是天花，一种叫恙虫病。

葛洪把恙虫病叫做"沙虱毒"。现在已经弄清楚，沙虱毒的病原体是一种比细菌还小的微生物，叫"立克次氏体"。

有一种小虫叫沙虱，螫人吸血的时候就把这种病原体注入人的身体内，使人得病发热。沙虱生长在南方，据调查，我国只有广东、福建一带有恙虫病流行，其他地方极为罕见。葛洪是通过艰苦的实践，才得到关于这种病的知识的。

葛洪在广东的罗浮山里住了很

罗浮山　是我国道教十大名山之一，位于广东省惠州博罗县长宁镇境内，地处岭南"旅游休闲走廊"的中心地段。史学家司马迁把罗浮山比作"粤岳"，所以罗浮山素有"岭南第一山"之美称。罗浮山已被国务院批准为第五批国家重点风景名胜区。

■ 于山炼丹井

方术 有两种意思，一是指古代关于治道的方法；二是指我国古代用自然的变异现象和阴阳五行之说来推测、解释人和国家的吉凶祸福、气数命运的医卜星相、遁甲、堪舆和神仙之术等的总称。

■ 杭州抱朴道院炼丹井石刻

久，这一带的深山草地里就有沙虱。沙虱比小米粒还小，不仔细观察根本发现不了。葛洪不但发现了沙虱，还知道它是传染疾病的媒介。他的记载比美国医生帕姆在1878年的记载，要早1500多年。

葛洪在《抱朴子内篇·仙药》中对许多药用植物的形态特征、生长习性、主要产地、入药部分及治病作用等，均做了详细的记载和说明，对我国后世医药学的发展产生了很大的影响。

葛洪还提出了不少治疗疾病的简单药物和方剂，其中有些已被证实是特效药。如松节油治疗关节炎，碳酸铜治疗皮肤病，雄黄、艾叶可以消毒，密陀僧可以防腐等。这些记载，成为后世的宝贵资料。

葛洪还对以前的神仙思想进行了总结，并系统地

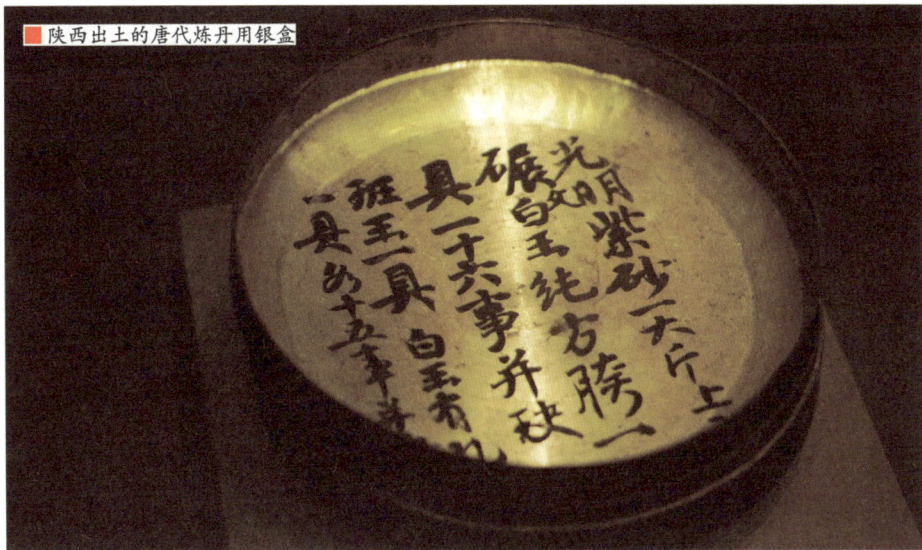
陕西出土的唐代炼丹用银盒

总结了晋以前的神仙方术，包括守一、行气、导引和房中术等；同时又将神仙方术与儒家的纲常名教相结合，强调求仙者要以忠孝和顺仁信为本。

如果德行不修，即使精于方术，也不得长生。并把这种纲常名教与道教的戒律融为一体，要求信徒严格遵守。主张神仙养生为内，儒术应世为外。这在道教历史上有极其重要的意义。

阅读链接

葛洪在行医过程中，深得人心，因此世间出现了很多纪念他的建筑。在宁波灵峰寺，就有一座葛仙殿，葛仙殿供奉的是葛洪的塑像。

327年，即东晋咸和二年，葛洪来到这里炼丹。在他隐居灵峰山的时候，瘟疫流行，葛洪广采草药，制药布施，使众多百姓起死回生。

现在，每年农历正月初一至初十是灵峰寺香火最旺的日子，因为传说中初十是葛仙翁的生日，人们纷纷来到这里纪念这位悬壶济世的仙人。

博学多通的罕有人才杜预

杜预（222—285年），字元凯。生于西晋时京兆杜陵，即今陕西省西安。西晋时期的著名学者、政治家和军事家。西晋建立后，他曾任河南尹，后拜镇南大将军，都督荆州诸军事，镇襄阳。对完成统一大业有功，封为当阳侯。时人称之为"杜武库"。

杜预制作的连机碓，为谷物加工做出了重要贡献。著有《春秋左氏经传集解》及《春秋释例》等。

■ 制作连机碓的杜预画像

■ 司马昭 （211—265年），字子上，河内温人。三国时期曹魏权臣，西晋王朝的奠基人之一。他是司马懿的次子，西晋开国皇帝司马炎的父亲。司马昭继承父兄的权力，弑魏帝曹髦，彻底控制了曹魏政权。其子司马炎称帝后，追尊司马昭为文皇帝。

杜预的一生在各个方面都很有造诣。他出生在曹魏政权时的高级官僚家庭，祖父杜畿是三国曹魏的名臣，担任河东太守16年；父亲杜恕在魏明帝曹睿即位才担任散骑常侍等职务。

杜恕为人忠义、正直，与朝廷中的权臣关系不合。杜预因为父亲长期与朝中皇亲国戚和权贵的矛盾而得不到任用。

杜预虽然生长在官宦人家，但不是那种只知享乐的纨绔子弟。他从小博览群书，勤于著述，对经济、政治、历法、法律、数学、史学和工程等方面都有研究。他特别爱读《左传》，自称有《左传》癖。

司马昭执政期间，司马氏已经成为曹魏政权最大的政治集团，司马昭在掌握了执政权后，为了巩固、扩大统治基础，在任用贤良的前提下，任用了许多宗族和亲戚，杜预因为是优秀的人才，所以也被司马昭重用。并且恢复了他的爵位。杜预的年龄比司马昭小，他和司马昭的妹妹高陆公主成亲，成为司马氏集团中最杰出的成员之一。

作为一个学者，杜预有广泛的爱好和研究。而在

曹魏政权 三国时期的魏国政权，是三国之中最强大的一国。曹操之子曹丕于220年逼汉献帝退位，篡夺汉室政权，在洛阳称帝，曹魏始建。265年，司马炎篡魏改晋。曹魏一朝，最重要的改革有陈群的九品中正制，对魏晋时代之政治产生深远影响。

水碓 利用水力舂米的器械。我国劳动人民不仅创造了用水力推动鼓风机铸铁，而且进一步利用水力、杠杆和凸轮的原理去加工粮食。这种用水力把粮食皮壳去掉的机械叫水碓。利用水碓，可以日夜加工粮食。

这之中，他制作的连机碓具有历史性意义。连机碓就是"水碓"，又称机碓、水捣器、翻车碓、斗碓或鼓碓水碓。

大约在260年至270年，杜预总结了我国劳动人民利用水排原理加工粮食的经验，发明了连机碓。杜预是陕西人，在西晋京都洛阳当官，连机碓大概就是在洛阳创制的。

杜预的连机碓，是以水为动力的一种谷物加工工具。明朝徐光启所撰《农政全书》，集古时和当时的文献，分农本、田制、水利、农器等十二门对农政加以介绍。

书中说："杜预做连机碓。"又引《晋书》说：

今人造做水轮，轮轴长可数尺，列贯横木，相交如滚抢之制。水激轮转，则轴间横木，间打所排碓梢，一起一落舂之，即连机碓也。

■ 水磨坊

■ 连机水碓

《晋书》所言的"今人"即指270年左右，与三国时期相距不远。

杜预的连机碓和上述所说的连机碓可能有些区别，但基本原理和形制应该是一样的，都是利用水轮役水而舂的。杜预连机碓的原动轮是一个大型卧式水轮，在水轮的延长中轴上安装若干交错指向的横木，使这些横木随着中轴的转动交替击打碓尾木，才能使若干架碓同时工作。即其工作时，以一个大型立式水轮带动装在轮轴上的一排互相错开的拨板，拨板拨动碓杆，使几个碓头间断地相继舂米。

■ 刘义庆（403—444年），字季伯。生于南北朝时期的彭城，即今天的江苏徐州。是南朝宋文学家。《宋书》本中传说他"性简素，寡嗜欲"。他爱好文学，在政8年，政绩颇佳。除有《世说新语》外，还著有志怪小说《幽明录》。

杜预的连机碓不仅用于粮食加工，还用于舂碎香料、陶土等。在当时，连机碓已经被广为应用，像洛阳一带，由于使用连机碓来加工谷物，生产效率大大提高，使这一地区的米价得以下跌。

南北朝时期文学家刘义庆所撰《世说新语》古小说集，主要记载晋代士大夫的生活。其中《世说新语·俭啬》篇记载了这样一件事：

司徒王戎，既贵且富，区宅、僮仆、膏田、水碓之属，洛下无比。

可见世人当时把"水碓"当作宝贵财富，可以与宅院、僮仆、良田同列。

入唐以后，关于水碓记载更多，其用途也逐渐推广。大凡需要捣碎之物，如药物、香料、乃至矿石、竹篾纸浆等，皆可用省力功大的水碓。继后不久，水磨又根据此原理被发明了。

南北朝时的祖冲之造水碓磨，可能是一个大水轮同时驱动水碓与水磨的机械。这些成就表明古代水碓技术的大发展，历久不废，直至20世纪20年代以来才逐渐被柴油机碾米机所替代。

因此，至少可以说，杜预发明的连碓，是蒸汽锤出现之前所

发明巨匠

发明天工与创造英才

■晋武帝（236—290年），姓司马，名炎，字安世，河内温人。晋朝开国君主。谥"武皇帝"，庙号世祖，葬峻阳陵。建国后采取一系列经济措施以发展生产，使太康年间出现一片繁荣景象，史称"太康之治"。

有重型机械锤的直系祖先。18世纪西方的锻锤，其实是水碓之复制品而已。

杜预发明连机碓，使用的是"水力"，从而解放了劳动力，生产力的提高达到了一个新的起点，对我国古代乃至近代的谷物加工作出了重要贡献。

连机碓不仅用于粮食加工，还用于春碎陶土、香料等，至今有的地方仍在使用。

作为一个政治家，杜预做了许多其他卓有成效的工作。264年，司马昭委托贾充、裴秀等人改制礼仪、法律、官制。杜预时任守河南尹，受命参与法律的制定。名义上主持修律的官员是贾充，而实际上杜预却担负了最繁重的工作，全部晋律的注解都是由他完成的。

杜预在《律序》中指出："律以正罪名，令以存事制。"这是我国法律史上明确区分律、令最早的定义，晋律的制定正是依据的这一原则，它使晋律较之汉魏旧律的界限更加分明、体系更加完备。

杜预注解的晋律，上承汉律，下启唐律，对后世的封建法律有很大的影响。

杜预在担任度支尚书的七年间，也做了很多工作。在任上，杜预共向晋武帝提出过50多项治国治军的建议，其中包括常平仓的兴建、谷价的调整、盐运

■ 祖冲之画像

贾充（217—282年），字公闾，平阳襄陵人，曹魏至西晋时期大臣，曹魏豫州刺史贾逵之子。深受司马氏统治者的信任，是西晋的开国元勋，在西晋建国时多有出力。曾主持修订《晋律》。

发明天工与创造英才

孙吴政权 我国三国时期由孙权建立的政权。在三国之中，水军最强，占据扬州与荆州大部分地区及交州全境。孙权以其地古为吴国，而被封为"吴王"，国号以此得名。所统治地区古称江东，因此又称为"东吴"，以皇室姓孙，又名"孙吴"。

的管理、课调的制定和边防的建置等。

此外，杜预还充分施展自己的聪明才智，积极进行科学发明。他制造成功人排新器，并复制出失传已久的欹器，在农田灌溉中发挥了作用。为了解决洛阳的交通问题，他力排众议，主持修建了富平津大桥。

在建桥过程中，从设计到施工杜预都付出了极大的心血。杜预发现当时通行的历法不合晷度，经过计算，纠正了其中的差舛，修订出《二元乾度历》。经过验证，终于取代时历，通行于世。

作为一个军事家，当时的人曾给他起个"杜武库"的绰号，称赞他博学多通，就像武器库一样，无所不有。

■ 晋武帝司马炎

杜预多次参与了重大军事行动。在西晋王朝尚未统一全国时，孙吴政权仍控制着长江中下游以南的地区。晋武帝登位以后一直想发动灭吴战争，就任命杜预任晋军主帅。

杜预在这次战争中显示了卓越的军事才能，功绩是非常突出的。西晋灭亡孙吴的战争是魏晋南北朝400年间唯一成功的一次统一战争。它也是我国历史上一次重要的战争。它结束了汉末、三国以来分裂割据的状态，使中国重归一统。

西晋灭吴、统一全国后，杜预反对天下安定了就要废弃军备的观点，在任职期间，始终没有放松部队的训练。杜预把荆州军队的防卫重点集中到了对付当地少数民族方面。

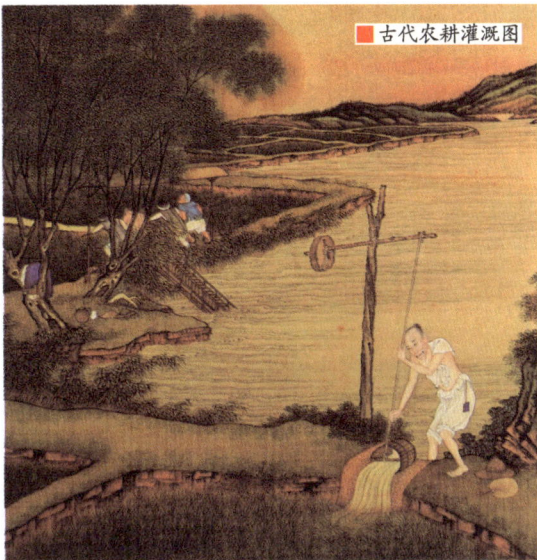
古代农耕灌溉图

在荆州，杜预兴建了一些水利工程。其中，在整修前代河渠的基础上，他设法引滍水、淯水两江之水入田，使一万余顷农田受益。

为了使屯田和普通民田均能得到灌溉，杜预又把水渠按照地段标上界石。杜预指挥开凿了从扬口到巴陵的运河一万余里，使夏水和沔、湘两水直接沟通，既解决了长江的排洪问题，又改善了荆州南北间的漕运问题。

杜预的政绩，受到了当地人民的赞扬，老百姓称他为"杜父"，并歌颂说："后世无叛由杜翁，孰识智名与勇功。"

阅读链接

《晋书》本传讲，杜预本人几乎没有什么武艺，他连骑马都不会，射箭的技术也很糟糕。但每有军事活动，朝廷都要召他参谋规划。

他知彼知己，善于同敌人斗智，他还心胸宽阔，遇事能够顾全大局。在灭吴战争中，吴人最恨杜预，主要是因为他善于用兵，常常给敌人以致命打击。

杜预有大脖子病，东吴人就给狗脖子上戴个水瓢，看见长包的树，写上"杜预颈"，然后砍掉，借以发泄对杜预的仇恨。这从一个侧面反映了杜预的多方面才能。

举世闻名的桥梁工匠李春

　　李春，隋代造桥匠师，现今河北邢台临城人士。他是我国隋代著名的桥梁工匠，举世闻名的赵州桥就是他最伟大的杰作，这个浓缩了中华人民智慧结晶的标志性桥梁，开创了中国桥梁建造的崭新局面，为中国桥梁技术的发展做出了巨大贡献。

　　美国土木工程师学会将赵州桥选定为"国际历史土木工程的里程碑"，并在桥北端东侧建造了"国际历史土木工程古迹"铜牌纪念碑。

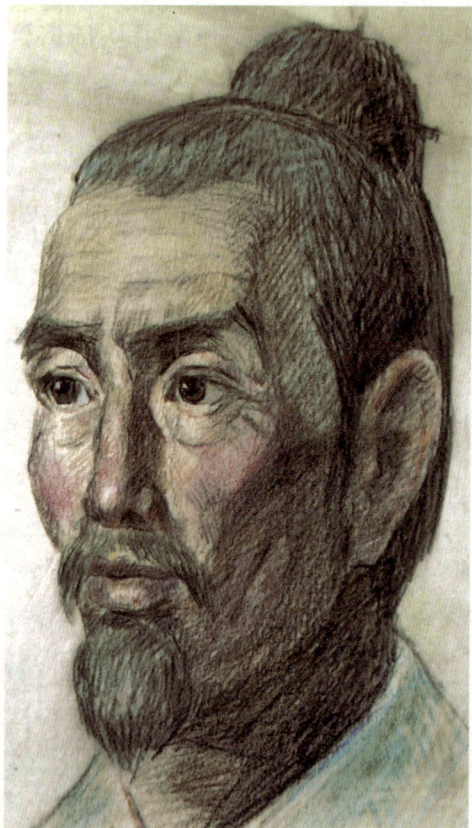

■ 隋代造桥匠师李春画像

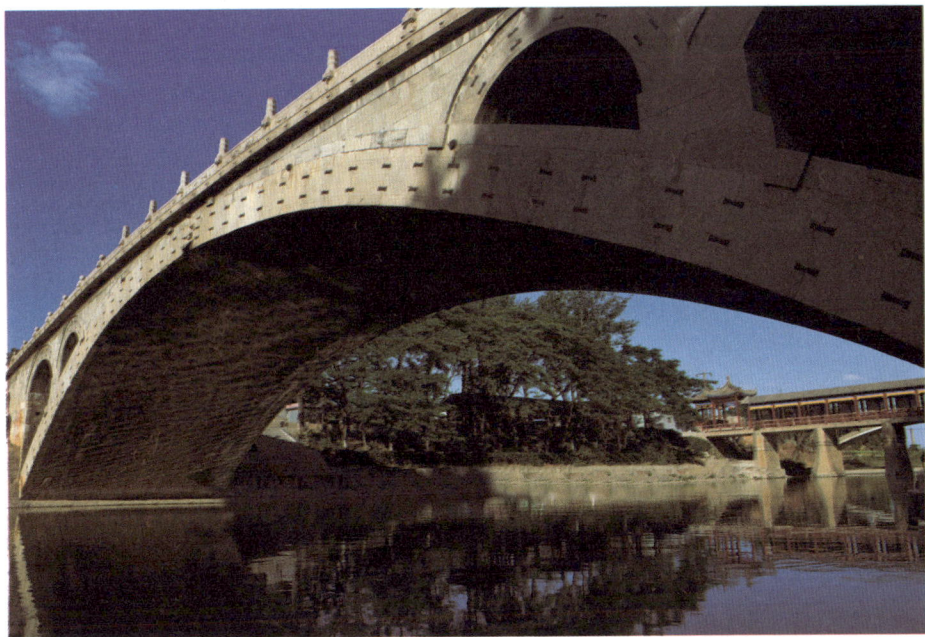

■ 赵州桥的拱

隋朝统一中国后，结束了长期以来南北分裂、兵戈相见的局面，促进了社会经济的发展。当时的赵州是南北交通必经之路，从这里北上可抵重镇涿郡，南下可达京都洛阳，交通十分便利。

可是这一交通要道却被城外的洨水所阻断，影响人们来往。为此，隋朝政府决定在洨水河上建设一座大型桥梁，以结束长期以来交通不便的状况。李春受命负责设计大桥及施工。

李春监造的赵州桥又称安济桥，在石家庄东南的赵县城南2.6千米处，横跨洨水南北两岸。因桥体全部用石料建成，俗称"大石桥"。

在选择桥址时，李春根据自己多年经验，经过严格周密勘查、比较，选择了洨河两岸较为平直的地方建桥。桥址选好后，李春就地取材，选用附近州县质地坚硬的青灰色沙石作为建桥石料。

洨水　古水名，亦称洨河。水源出自河北井陉东南，东南流至宁晋南合槐河。据《水经注》说："首受蘄水干今安徽宿县北，东南流与涣水合流入淮。"相当现在的沱河。洨水因赵州石桥而名闻天下。

在石拱砌置方法上，均采用了纵向即顺桥方向的砌置方法，就是整个大桥是由28道各自独立的拱券，沿宽度方向并列组合而成；拱厚皆为1米，每券各自独立、单独操作，相当灵活。每券砌完全合拢后就成一道独立拼券，砌完一道拱券，移动承担重量的"鹰架"，再砌另一道相邻拱。

这种砌法有很多优点，它既可以节省制作"鹰架"所用的木材，便于移动，同时又利于桥的维修，一道拱券的石块损坏了，只要嵌入新石，进行局部修整就行了，而不必对整个桥进行调整。

在保持大桥稳定性方面，为了加强各道拱券间的横向联系，使28道拱组成一个有机整体，连接紧密牢固，李春在建筑结构上采取了一系列技术措施：

首先，每一拱券采用了下宽上窄、略有"收分"的方法，使每个拱券向里倾斜，相互挤靠，增强其横向联系，以防止拱石向外倾倒；在桥的宽度上也采用了少量"收分"的办法，就是从桥的两端到桥顶逐渐收缩宽度，从最宽9.6米收缩到9米，以加强大桥的稳定性。

其次，在主券上沿桥宽方向均匀设置了5个铁拉杆，穿过28道拱券，每个拉杆的两端有半圆形杆头露在石外，以夹住28道拱券，增强其横向联系。在4个小拱券上也各有一根铁拉杆起同样作用。

再次，在靠外侧的几道拱石上和两端小拱上盖有护拱石一层，以保护拱石；在护拱石的两侧设有勾石6块，勾住主拱石使其连接牢固。

最后，为了使相邻拱石紧紧贴合在一起，在两侧外券相邻拱石之间都穿有起连接作用的"腰铁"，各道券之间的相邻石块也都在拱背穿有"腰铁"，把拱石连锁起来。

而且每块拱石的侧面都凿有细密斜纹，以增大摩擦力，加强各券横向联系。这些措施的采取使整个大桥连成一个紧密整体，增强了整个大桥的稳定性和可靠性。

赵州桥的创新设计可谓独具匠心，有突出的特点：

一是采用圆弧拱形式设计。赵州桥的拱用于跨度比较小的桥梁比较合适，而大跨度的桥梁选用半圆形拱，就会使拱顶很高，造成桥高坡陡、车马行人过桥非常不便。

同时，半圆形拱石砌石用的脚手架就会很高，增加施工的危险

赵州桥石栏板

性。为此，李春和工匠们一起创造性地采用了圆弧拱形式，使石拱高度大大降低。

赵州桥的主孔净跨度为37米，而拱高只有7米，拱高和跨度之比为1比5左右，这样就实现了低桥面和大跨度的双重目的，桥面过渡平稳，车辆行人非常方便，而且还具有用料省、施工方便等优点。当然圆弧拱对两端桥基的推力相应增大，需要对桥基的施工提出更高的要求。

二是采用敞肩设计。这是李春对拱肩进行的重大改进，把以往桥梁建筑中采用的实肩拱改为敞肩拱，即在大拱两端各设两个小拱，靠近大拱脚的小拱净跨为3.8米，另一拱的净跨为2.8米。

这种大拱加小拱的敞肩拱具有优异的技术性能。其一，可以增加泄洪能力，减轻洪水季节由于水量增加而产生的洪水对桥的冲击力，大大降低洪水对大桥

圆弧拱 圆弧拱是取某圆周的一部分构成巷道拱部的形状。拱形圆滑一致，在巷道周围压力作用下不易产生应力集中，支护结构受力状态好。此断面利用率较高，可减少开挖工程量，施工技术亦较简单，是采用较多的一种断面形式。

■ 独具特色的赵州桥

赵州桥的桥面

的影响，提高大桥的安全性。

其二，敞肩拱比实肩拱可节省大量土石材料，减轻桥身的自重。据计算4个小拱可以节省石料26立方米，减轻自身重量700吨，从而减少桥身对桥台和桥基的垂直压力和水平推力，增加桥梁的稳固。

其三，增加了造型的优美。4个小拱均衡对称，大拱与小拱构成一幅完整的图画，显得更加轻巧秀丽，体现建筑和艺术的完整统一。

其四，采用敞肩也符合结构力学理论。敞肩拱式结构在承载时使桥梁处于有利的状况，可减少主拱圈的变形，提高了桥梁的承载力和稳定性。

三是采用单孔设计。我国古代的传统建筑方法，一般比较长的桥梁往往采用多孔形式，这样每孔的跨度小、坡度平缓，便于修建。但是多孔桥也有缺点，如桥墩多，既不利于舟船航行，也妨碍洪水宣泄；桥墩长期受水流冲击、侵蚀，天长日久容易塌毁。

因此，李春在设计大桥时，采取了单孔长跨的形式，河心不立桥墩，使石拱跨径长达37米之多。这是中国桥梁史上一个空前的创举。

除了建筑原理和创新设计之外，赵州桥还具有"三绝"：

一是"券"小于半圆。我国习惯上把弧形的桥洞、门洞之类的建筑叫做"券"。一般石桥的券，大都是半圆形。但赵州桥跨度很大，从这一头到那一头有37.04米。如果把券修成半圆形，那桥洞就要高18.52米。

这样车马行人过桥，就好比越过一座小山，非常费劲。赵州桥的券是小于半圆的一段弧，这既减低了桥的高度，减少了修桥的石料与人工，又使桥体非常美观，很像天上的长虹。

二是"撞"空而不实。券的两肩叫"撞"。一般石桥的撞都用石料砌实，但赵州桥的撞没有砌实，而是在券的两肩各砌一两个弧形小券。这样桥体增加了4个小券，大约节省了180立方米石料，使桥的重量减轻了大约500吨。

而且，当洨河涨水时，一部分水可以从小券往下流，既可以使水流畅通，又减少了洪水对桥的冲击，保证了桥的安全。

三是洞砌并列式。它用28道小券并列成9.6米宽的大券。可是用并列式砌，各道窄券的石块间没有相互联系，不如纵列式坚固。

为了弥补这个缺点，建造赵州桥时，在各道窄券的石块之间加了

"神桥"之称的赵州桥

铁钉，使它们连成整体。用并
列式修造的窄券，即使坏了一
个，也不会牵动全局，修补起
来容易，而且在修桥时也不影
响桥上交通。

赵州桥建成后，成为我国
北南交通的要道，有"坦途箭
直千人过，驿使驰驱万国通"
的美誉。舟船在桥下航行，人
马车辆从桥上驶过，大大方便
了交通运输和人们的生活，为
洨水两岸人员的来往提供了便利条件。

这座大桥从605年建成到现在，已经有1400多年的历史，经历了10
次水灾，8次战乱和多次地震。特别是1966年邢台发生7.6级地震，赵州
桥距离震中只有40多千米，都没有被损坏。李春在设计和施工中创下
许多技术成就，把我国古代建筑技术提高到一个全新的水平，也为中
国在桥梁建筑上赢得了全世界的赞誉。

阅读链接

赵州桥有一段美丽的传说：相传赵州桥是鲁班所造。这座
大桥建成后，"八仙"之一的张果老约了柴王爷一同来试桥。
张果老倒骑毛驴，驴背褡裢里装着日、月；柴王爷推上小车，
运载着五岳名山，行至桥中央，将桥压得摇摇欲坠。

鲁班见状不妙，纵身跳入水中，用手将桥托住，石桥安然
无恙。于是，桥面上留下了清晰的驴蹄印、车道沟；桥底留下
鲁班的手印。当然这只是人们编造的一个神话故事，以纪念古
代的能工巧匠。

皇帝亲封的爆竹祖师李畋

李畋，621年生于江南西道袁州府富里镇麻石村，今属湖南省醴陵市。

据传说，当时灾害连年，瘟疫流行，李畋以小竹筒装硝，导引点燃，以硝烟驱散山岚瘴气，减少了瘟疫的流行扩散，爆竹因而很快被推广开来。李畋因此被烟花爆竹业奉为祖师。

现在花炮主产区的湖南浏阳、醴陵，江西的上栗、万载均对其进行祭祀缅怀。

火药发明爆竹

■ 儿童放鞭炮

　　唐代爆竹的燃放，已经发展为人们将一支长竹竿点燃，或将一串串竹节挂在长竹竿上燃爆。据《通俗编排优》记载："古时爆竹。皆以真竹着火爆之，故唐人诗亦称爆竿。"

　　唐代诗人来鹄在《早春》中写道："新历才将半纸开，小庭犹聚爆竿灰。"史料记载了唐代爆竹盛况，其实爆竹的发明者就是当时的李畋。

　　随着纸的发明与广泛使用，加上炼丹家逐渐发现硝、硫黄与炭是易燃物质，使爆竹有了进一步发展。火药发明于隋唐时期，自从火药出现，人们将硝石、硫黄和木炭等填充在竹筒内燃烧，产生了"爆仗"。

　　被称为"药王"的唐代孙思邈在《千金方》中最早记录把硝石、硫黄、含碳物质混合在一起创造火药的"硫黄伏火法"。火药用于爆竹也就逐渐开始了。

来鹄 即来鹏。生于唐时豫章，即今江西南昌市。唐朝诗人，相传来鹏家宅在南昌东湖徐孺子亭边，家贫，工诗，曾自称"乡校小臣"，隐居山泽。福建观察使韦岫召入幕府，爱其才，欲纳为婿，未成。

■ 唐太宗李世民
（599—649年），
陇西成纪人。唐朝
的第二位皇帝，
他在位23年，谥号
"文武大圣大广孝
皇帝"，庙号太
宗。他是杰出的军
事家、政治家、战
略家、书法家和诗
人。开创了我国历
史著名的"贞观之
治"，使社会出现了
国泰民安的局面。

李畋自幼随父锻炼身体，他天资聪慧，逐渐练就了一身武艺，曾被多处聘为武术教习。父母去世后，他搬至狮形山半岭上，与猎友一起打猎，采药。一天，两人上山采药、狩猎，偶遇风雨，回家后，猎友一病不起。

乡人言称为山魈邪气作怪，将危害一方。李畋十分焦急，突想到父亲曾说燃竹可以壮气驱邪，就用来一试。

虽然颇具声色，但是爆力不足，他便大胆地在竹节上钻一小孔，将硝药填入，用松油封口引爆，效果极佳。

乡邻效仿这一做法，一时间山中爆声四起，清香扑鼻，瘴气消散，猎友病愈。

据说有一次，唐太宗李世民被山鬼迷缠，久治无效，遂诏书全国求医。李畋看到皇榜，遂揭榜应诏。他借鉴打猎用的土铳原理，采用了竹筒装入硝，爆驱逐山魈邪气，使皇上龙体康复，唐太宗遂封李畋为"爆竹祖师"。

李畋发现这种竹爆携带不便，且不安全，于是，他又加紧研制新品种。为了制作爆竹，李畋历尽艰辛，手足多次伤损，住屋亦毁于硝火，且未能按时婚娶，直至中年才与一唐姓贫女结为夫妻。此后，他继续从事爆竹制作和硝药提炼。

传说李畋曾师从孙思邈采药炼丹，用火药做成了花炮，在炼丹时引爆了。他将此方传授给了当地做花炮的工人。他又逐步改进爆竹，由竹筒改为纸筒，火药由黑药而为白药，并由单一爆竹产品发展为各种烟花礼炮。

经反复的试验，纸代竹鞭炮声如炸雷，光气四射。后来，这种爆竹除用于驱除瘴气，还用于婚礼喜庆诸事。

李畋发明的爆竹受到各方好评。但当时因缺少资金等原因，爆竹生产一时未能发展起来，直至后来的宋代，才建有作坊、爆庄进行规模化生产。

李畋为爱民富乡，造福桑梓，他将此方传授给乡邻，逐步改进爆竹制作工艺，推动烟花爆竹业发展。

李畋造的鞭炮，是萍乡、浏阳、醴陵三市鞭炮产业的最初起源。《中国实业》有言："湘省爆竹之制

093

中古时期

创造发明

山魈邪气 山魈邪气是一种不科学的叫法，其实就是瘴气。瘴气是热带原始森林里动植物腐烂后生成的毒气。中医中的瘴，指南方山林中湿热蒸郁能致人疾病的有毒气体，多指是热带原始森林里动植物腐烂后生成的毒气。

■ 儿童放鞭炮蜡像

放鞭炮蜡像

造，始于唐，盛于宋，发源于浏阳。"如今浏阳花炮在国际上享有盛名。浏阳人没有忘记始祖李畋。在李畋病逝后，乡邻亲友就为他在半岭建庙，在他故居建阁，还将李畋的生日，即每年农历四月十八日定为爆竹节。

宋时，爆竹业得到较大发展，又在县城田家巷建李畋庙一座，并将李畋故居改为李畋阁，将他的墓由东峰界迁至阁后重葬。

清初，在浏阳县城界冲观侧重建李畋庙，湘赣边界的麻石、大瑶、大栗、金刚、文家市、桐木、白兔潭等地群众成群结队自发前来祭祀，一直沿袭至今。

阅读链接

唐朝的开国大将李靖奉命讨伐岭南，正好遇到瘴气。部队无法继续南进，只好驻扎在醴陵西山一带。当时的醴陵属于南蛮之地，古木参天，瘴气弥漫，而且朝廷军队人生地不熟，得不到群众的支持。

李靖想到了候补知县李畋，就招来咨询地方事宜。李畋不但很好的协调了部队和地方的关系，还利用爆竹来吓跑山魈，即驱散瘴气。鞭炮燃放时，释放出浓烈的硫黄香味，具有驱散瘴气的作用，大大缓解了部队在南方地区瘟疫的发生。

发明英才

从五代十国至元代是我国历史上的近古时期。这一时期，毕昇做的泥活字变成新教的工具，苏颂有多项成果独享世界第一，陈规用竹管造枪更荣膺世界管状火器的鼻祖。

到了元代，黄道婆在棉纺领域把个乌泥泾织成一片锦绣，而慧元的奶粉和肉松成了蒙古人的健康支柱与力量象征。近古时期的这些发明奇才，他们在我国古代科技史上留下了浓墨重彩的篇章。

首创活字版印刷术的毕昇

毕昇（约970—1051年），又作毕升。我国宋代发明家。首创活字版印刷术，使之成为中国古代"四大发明"之一。活字印刷术是印刷史上一次伟大革命，对世界文明的发展做出了杰出的贡献。对后世印刷术乃至世界的进步，有着巨大而深远的影响。

英国哲学家培根在《新工具》一书中说："印刷术、火药和指南针，曾改变了整个世界事物的面貌和状态。"

中国古代科学家毕昇铜像

■ 传统的雕版

北宋时期社会经济的发展，带来了文化和科学技术的兴盛。文化的繁荣，就必然要求传播工具的先进。而当时的雕版印刷术虽然技术已经很纯熟，但也存在明显缺点。

比如刻版费时费工费料，刻一部书需要很长时间和很多木料，如果刻一部内容很多的巨著，就得花费几年甚至更长时间。此外，有错别字也不容易修改。由于存在这些原因，无法满足社会的需要。改进印刷技术，已经成为时代的要求，而完成这一历史使命的人物就是当时的发明家毕昇。

毕昇生活在雕版印刷的全盛时期，他是北宋中期的一个普通平民知识分子，当时人称"布衣"。他从十几岁开始，就进入一家私人书坊当学徒。毕昇到了书坊后，勤学好问，很快学会了雕版。

雕版印刷 是最早在我国出现的印刷形式。现存最早的雕版印刷品是868年印刷的《金刚经》（现藏大英博物馆），不过雕版印刷可能在大约2000年以前就已经出现。其在印刷史上有"活化石"之称。

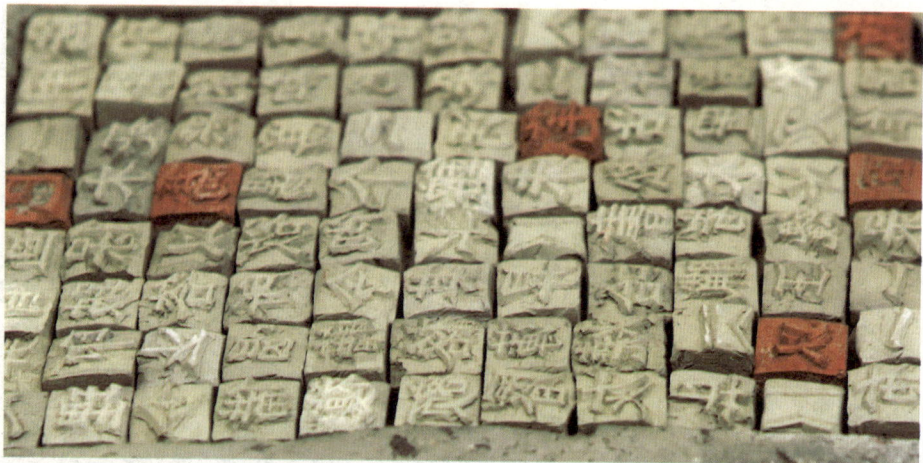
■ 泥制的印刷模具

发明巨匠

发明天工与创造英才

泥活字 胶泥制成的用于排版印刷的反文单字。北宋科学家沈括在其所著《梦溪笔谈》卷十八"技艺"中，记载了泥活字为庆历年间平民毕昇所发明。毕昇发明的泥活字印书成功，标志着活字印刷术的诞生。

毕昇在当学徒过程中，对雕版印刷的每个环节都不放过，努力地学习，几年以后，他终于成为一名熟练的书坊印刷工匠，并很快在书坊里成为一名得力骨干。他工作十分认真。渐渐的，他发现雕版印刷的弊病，于是，他开始着手制造单个活字，这项工作整整花费了八九年的时间。

毕昇首先使用木材作为制造活字的材料。但由于木纹不整齐，吸墨膨胀，字面模糊，不能下次再用等原因失败了。

这次失败，并没有使毕昇灰心，他又试验了好几种材料，可都不适合用来做活字。毕昇受陶罐上边的工艺花纹的启发，开始了制造泥活字的尝试。

毕昇先把胶泥和拌均匀，制成一个个大小一致的小方块型的泥坯，小泥坯的边角都抹得非常的平整。然后在每个小泥坯上工工整整地刻好文字。毕昇把文字的笔画刻得凸出来，凸出来的部分，厚薄就像古时候铜钱的边缘一样。泥坯细软，雕刻起来比木头容易多了。

刻好后的泥坯稍稍阴干一下，再放到火中去烧硬。这次终于成功制出了字画清楚、不吸水、坚如牛角、乌黑发亮的胶泥活字。毕昇费了多年心血，制造了上万个泥活字字印。

在制造泥活字的过程中，毕昇非常善于开动脑筋。他考虑到书中常常一页之中有好些重复的字，为了方便印书，每个字他一般都刻制几个泥活字。特别是古书中的"之""乎""者""也"之类的字，用得非常频繁，毕昇就把这些字分别制作成20多个泥活字，这样用起来就非常方便了。

有了一套活字印，还不能马上印刷，要印书，首先得把活字制成版。制造活字版是毕昇活字印刷术发

活字版 北宋毕昇发明泥活字后，为了便于印刷，他先制成单字的阳文反文字模，然后按照稿件把单字挑选出来，排列在字盘内，涂墨印刷，印完后再将字模拆出，留待下次排印时再次使用。这就是活字版。活字版是印刷史上又一伟大的里程碑。

活字印刷模板

印刷 起源于我国，发源于中国人独有的印章文化，它是由拓石和盖印两种方法逐步发展而合成的，它是经过很长的时间，积累了许多人的经验而成的，是人类智慧的结晶。现存最早文献和最早的中国雕版印刷实物是在公元600年，也就是唐朝初期。

■ 活字印刷模具

明的一个重要部分。

每次印刷前，毕昇都先拿出一块铁板摆好，在上面均匀地撒上一层松脂、蜡和纸灰等具有黏性的物质。再在铁板上面放一个铁框，然后照着要印的书稿，拣出需要的泥活字，按顺序一个一个地排在铁框里面。排满整整一框，就成一版。

把排好的版拿到火上加热，铁框里面的松脂、蜡等物质遇热熔化，这时用一块平整的木板把子印按平，当铁框内的物质冷却凝固后，框里的泥活字都牢牢地粘成一片，而且版面十分平整，最后上墨印刷，就可以得到印刷效果十分好的书籍了。

就这样，用泥活字版印出来的书，"墨若漆光"，非常漂亮。为了提高印刷效率，毕昇制作了两块铁板，交替着使用。当第一块版在印刷时，就开始用第二块版排字。

生于北宋时钱塘，也就是现在的浙江杭州。北宋著名的科学家。所撰《梦溪笔谈》，是我国古代的学术宝库，在世界文化史上也有重要的地位。沈括也因而被称为"中国科学史上最卓越的人物"。

毕昇在印书时，有时也遇上一些生僻、不常用的字，他就马上找来一些胶泥，制成小方块泥干坯，再刻好所需的字，拿到草火中一烧，一会儿就做成一个泥活字印。这个方法非常简单，也非常迅速。

毕昇还做了很多木架，分成一个一个的格子，专门用来存放不用的泥活字。为了使用时查找起来方便、快速，他把制成的泥活字分成若干类，并按类排列得整整齐齐。把每一类的泥活字都贴上纸，并做上记号。拣字时先看记号，再根据记号查出所需泥活字。

毕昇的活字印刷术与雕版印刷相比，有很多优点：速度快、印书经济合算、书籍质量好、可减轻劳动强度。毕昇去世后，他精心制作的泥活字传到了大学者沈括手中，沈括将其视为珍品，仔细地收藏起来。并在他的著作《梦溪笔谈》中，详细地记录了毕昇发明印刷术的经过。

泥活字印书技术由于后人的不断仿效和改进，由泥活字、木活字一类的非金属活字，逐渐过渡到铜活字、铅活字、锡活字一类的金属活字。

毕昇是世界上第一位发明活字印刷术的人，他创制的泥活字也是世界上第一副活字。毕昇发明的活字

金属活字 在北宋时发明了木活字、泥活字等非金属活字后的数百年间，以木、泥、锡、铜、所造的活字，一直被前后交替地使用。由于我国地域辽阔，人口众多，对书籍的需要量大，因此，金属活字在社会生活中的作用是不可忽视的。

毕昇发明的活字印刷术

印刷术很快传到了亚洲的朝鲜、日本、越南等国。

后来，印刷术传到了欧洲，并得到了进一步完善。德国人古登堡就是在毕昇活字印刷术的基础上，创造了金属活字印刷。活字印刷术很快又从德国传到世界各国。活字（铅字）印刷在我国一直沿用到20世纪末，随着科学的发展和技术的改进，才退出印刷行业。

毕昇发明的活字印刷术是我们中华民族的一大骄傲，也是对人类文化的又一重大贡献。毕昇的功绩是不可磨灭的！

阅读链接

传说毕昇发明活字印刷术后，许多人纷纷向他取经。毕昇认真地说："是我的两个儿子教我的。"

这句话很出乎人的意料，毕昇继续解释道："去年清明节前，我带着妻儿回乡祭祖。有一天，两个儿子玩过家家，用泥做成各种物品，随心所欲地排来排去。我的眼前忽然一亮，当时我就想，我何不也来玩过家家：用泥刻成单字印章，不就可以随意排列，排成文章了吗？"

众人听后无不赞叹毕昇的细心。

独占数项世界第一的苏颂

苏颂（1020—1101年），字子容。福建泉州南安人。宋代天文学家、天文机械制造家、药物学家。

其主要贡献是对科学技术方面，特别是医药学和天文学方面的突出贡献。

在科学技术上的贡献主要表现在他的水运仪象台和所著《新仪象法要》一书，有许多获得世界第一的发明创造，使他成为我国历史上的杰出人物，同时也受到了世界科技史专家的普遍赞誉。

■ 天文机械制造家苏颂画像

苏颂出身于书香门第，世代为闽南望族。他幼承家教，勤于攻读，深通经史百家，学识渊博。1042年中进士，先任地方官，后改任馆阁校勘、集贤校理等职9年，得以博览皇家藏书。

宋哲宗登位后，苏颂先任刑部尚书，后任吏部尚书，晚年入阁拜相。以制作水运仪象台和星图绘制闻名于世。

苏颂所研制的水运仪象台是一座高12米、宽7米，像三层楼房一样的巨型天文仪器。上层是观测天体的浑仪，中层是演示天象的浑象，下层是使浑仪、浑象随天体运动而报时的机械装置。

它兼有观测天体运行，演示天象变化，以及随天象推移而有木人自动敲钟、击鼓、摇铃，准确报时的功用。它不仅在国内取得了前无古人的成就，而且在许多方面为人类做出了贡献，使许多中外科技史专家为之叹服。

水运仪象台上层置有观测用的浑仪，通过"天运单环"与"枢轮"相连，使浑仪能随枢轮运转。这与现代天文台转仪钟控制天体望远镜随天体运动的原理是一样的。因此可以说，水运仪象台的

■ 苏颂研制的水运仪象台

这套装置是现代天文台跟踪机械转仪钟的远祖。

水运仪象台顶部设有九块活动的屋板，雨雪时可以防止对仪器的侵蚀，观测时可以自由拆开。仪象台的活动屋顶是现代天文台圆顶的祖先。所以，苏颂又是世界上最早设计和使用天文台观测室自由启闭屋顶的人。

水运仪象台的原动轮叫枢轮，是一个直径11尺，由72根木辐，挟持着36个水斗和36个勾状铁拨子组成的水轮。枢轮顶部设有一组叫"天衡""天关""天权""左右天锁"的杠杆装置，枢轮靠铜壶滴漏的水推动。

当漏壶的水滴满一个枢轮水斗时，"枢权"失去平衡，"格叉"下倾，枢权扬起，轮边铁拨子拨开"关舌"，拉动"天衡"，"天关"上启，枢轮下转。由于"左右天锁"的擒纵抵拒作用，使枢轮只能转过一辐，依此循环往复，等时运转。天衡系统对枢轮杠杆的这种擒纵控制与现代钟表的关键机件锚状擒纵机构，具有基本上相同的作用。

苏颂主持创制的水运仪象台是11世纪末我国杰出的天文仪器，也是世界上最古老的天文钟。国际上对水运仪象台的设计给予了高度的评价，认为水运仪象台为了观测上的方便，设计了活动的屋顶，这是今天

■ 铜壶滴漏 铜壶滴漏即漏壶，中国古代的自动化计时装置，又称刻漏或漏刻。这种计时装置最初只有两个壶，由上壶滴水到下面的受水壶，当受水壶水位升至满刻度时，浮子式阀门就会自动阻塞上级水壶的出水孔，切断水滴。

■ 星图节气钟

天文台活动圆顶的祖先；浑象一昼夜自转一圈，不仅形象地演示了天象的变化，也是现代天文台的跟踪器械——转仪钟的祖先；首创的擒纵器机构是后世钟表的关键部件，因此它又是钟表的祖先。

从水运仪象台可以反映出，我国古代力学知识的应用已经达到了相当高的水平。

苏颂在水运仪象台完成之后，他又著成了《新仪象法要》一书，将水运仪象台的总体和各部件绘图并加以说明。

《新仪象法要》中绘制了有关天文仪器和机械传动的全图、分图、零件图50多幅，绘制机械零件150多种，其中多为透视图和示意图，这是我国也是世界上保存至今的最早最完整的机械图纸。

正是根据《新仪象法要》中的这些图纸，李约瑟等人才能较准确地复原出以前水运仪象台的全貌。例如从这些图纸和说明文字中可以知道，水运仪象台枢轮的运转规律是齿轮系从6个齿到600个齿的传动；每25秒落水一斗，每刻钟转一周，一昼夜转96周，而昼夜机轮、浑象、浑仪也转一周，这与地球运动是大致相应的。

通过这些图纸，我们知道水运仪象台第一层木阁内是昼夜钟鼓轮，有不等高的三层小立柱，可以拉动3个木人的拨子，以关拨作用拉动本人的手臂，到一刻钟时，木人出而击鼓，时初摇铃，时正敲钟。

而第二层木阁内是昼夜时初正轮，第三层木阁内是报刻司辰轮，第四层木阁内是夜漏金钲轮，第五层木阁内是夜漏司辰轮。要是没有这些珍贵的图纸，我们就难以弄清木阁内的机械木人是如何按时击鼓、摇铃和敲钟的。

苏颂在《新仪象法要》中还绘有14幅星图，它们是：浑象紫微垣星图、浑象东北方中外官星图、浑象西南方中外官星图、浑象北极星图、浑象南极星图、四时昏晓加临中星图、春分昏中星图、春分晓中星图、夏至昏中星图、夏至晓中星图、秋分昏中星图、秋分晓中星图、冬至昏中星图和冬至晓中星图。

在这14幅星图中，最有价值的是前五幅。其中"浑象东北方中外官星图"是从角宿到壁宿的星官，"浑象西南方中外官星图"是从奎宿到轸宿的星官，"浑象紫微垣星图"是以北斗七星为主的布列于浑象之北上规的183颗星，"浑象南极星图"和"浑象北极星图"则是以天球赤道为最外界大圆的南天星图和

■ 苏颂著作《新仪象法要》

奎宿 为西方第一宿，有天之府库的意思，故奎宿多吉。二十八宿中西方白虎七宿之一，奎、娄、胃、昴、毕、参和觜中的奎。奎宿十六星，左右两半正如两髀的形状。《步天歌》中描述奎宿："腰细头尖似破鞋，一十六星绕鞋生。"

北天星图。

苏颂为了星图绘制精确，采取了圆横结合的画法。横图分成两段：东北方中外官星图是从秋分到春分，西南方中外官星图是从春分到秋分。

另外，在把球面上的星辰绘制到平面上时，苏颂发现了失真问题，于是他采用了把天球循赤道一分为二，再分别以北极和南极为中心画两个圆图的方法，从而减少了失真。

苏颂星图是历史上流传下来的全天星图中在国内保存最早的，就其所列星的数目而言，苏颂星图是星图绘制中的一项新成就。

苏颂在完成水运仪象台之后，又研制了一台单独的水力推动的浑天象。此仪象经数年制作而成，它的天球直径有一人高，结构可能为竹制，上糊绢纸。

球面上相应于天上星辰的位置处凿了一个个小孔，人在里面就能看到点点光亮，仿佛夜空中的星星一般。当悬坐球内扳动枢轴，使球体转动时，就可以

全天星图 就是把全天所有的星及深空天体等，按照一定的规律绘制在纸上，称为全天星图。发现于敦煌藏经洞中的《全天星图》，又称《敦煌星图甲本》，是现存记载星数最多，有1359颗，也是最古老的一幅星图。

108

发明巨匠

发明天工与创造英才

■ 记载天象的石刻

■ 郭守敬 （1231—1316年），字若思。生于元朝顺德邢台，即今河北邢台。元朝的天文学家、数学家、水利专家和仪器制造专家。郭守敬修订的新历法《授时历》，是当时世界上最先进的一种精良的历法，通行360多年。

形象地看到星宿的出没运行。这在我国历史上是第一架有明确记载的假天仪，它的创造性也是前无古人的。这种假天仪可说是近代天象仪的祖先。

继苏颂之后，元代天文学家郭守敬也制造过一台假天仪，他称之为玲珑仪，它在假天仪基础上又有新的发展。

在我国几千年文明史中，苏颂是能够在世界科学技术史上留下一笔的重要人物之一。他主持建造的水运仪象台，以及晚年间编写的《新仪象法要》，在人类科技史上具有里程碑式的意义，代表了我国宋代高度发达的科学技术成就。

阅读链接

苏颂做中书舍人时，宋神宗批示李定任监察御史里行一职的词头送至中书省，苏颂等人一致认为李定资历不够，不宜擢拔。神宗态度坚决，数次批送中书省处理，苏颂不为所动，还在封还词头的奏书中，指出神宗是以言代法，甚为不当。

苏颂抗旨，神宗恼怒，终于免除了他的职务。但这一任命反反复复多达8次，双方僵持月余，最后以苏颂等三名舍人免职、神宗让步而告结束。苏颂因恪尽职守、不为身谋，被称为"三舍人之冠"。

管状发射武器的鼻祖陈规

陈规，字元则，生于北宋时密州安丘，即今山东省安丘市。宋代名臣，抗金主战派。

陈规用巨竹管制作而成的世界上第一支"火枪"，有效地打击了金兵的入侵。

由于陈规所制火器可以使点燃的火药定向喷射，是近代管状发射武器的前身，被誉为"近代枪炮的鼻祖"。

■ 陈规塑像

早期的火枪

陈规是法科进士，他虽为文臣，却很有军事才华，尤擅守城。其实，陈规在火器上的贡献，主要来源于他丰富的实战经历，是战场的经历启发了他的创新思维，制造出在当时处于世界领先地位的竹管火枪。

南宋初期，火药已经普遍应用于战事，加之当时北方的金兵不断侵犯干扰，陈规就想利用火药来改进兵器，提高战斗力。

陈规经过苦心钻研，用巨竹做了世界上第一支"火枪"。这种枪用竹管做枪身，里面装满火药，药线引在外面。打仗时，由两个人拿着，点燃后发射出去，用来烧伤敌人。

这种用竹管制成的火枪，就是最早出现的管形火器。因为它是把火药装在竹管内，而不是放在竹管之外，这一改变，代表一个大进步，所以人们认为它是射击性管形火器的鼻祖。

陈规是当时力主抗金的地方官员。他发明的管形

火器 我国古代火药兵器的简称。包括火箭、火球、火枪、火炮、地雷等。北宋初年，出现了用火药制造的火箭、火毬等，我国古代兵器开始向"热兵器"新时代过渡。可见，火药的发明，在军事理念、军队编制等方面都产生了深刻影响。

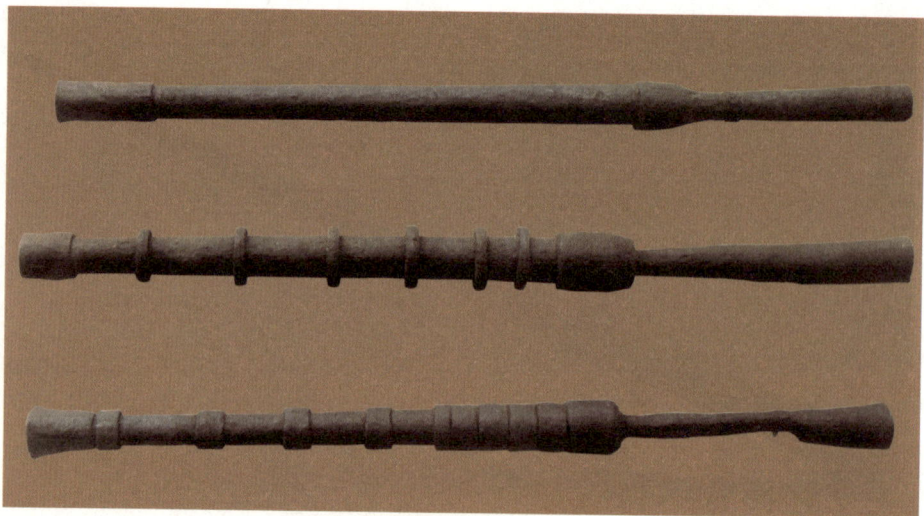

■ 陈规曾用过的火筒炮

火绳枪 靠燃烧的火绳来点燃火药，故名火绳枪。火绳枪在火器发展史上具有里程碑的意义，是现代步枪的直接原型。火绳枪的出现也改变了战争的形态，伴随着火绳枪的发展，人类的战争从冷兵器进入到热兵器时代。

火枪在实战中发挥了巨大威力。有一次，当金兵攻城时，他率领一支火枪队，跟在300多头火牛后冲出城门，用火枪对金兵集中喷射，金兵被烧得哭爹喊娘，抱头鼠窜，取得了守城战的胜利。

由于用竹管制成的这种火枪枪身容易被烧毁或炸裂，且射程短，威力不理想，不能耐久使用，于是，人们对之不断进行了改进。陈规的发明极大地影响了后来对火器的改进。

比如南宋末年，有人对火枪进行研究和改进，在火枪的基础上制成一种"突火枪"。它也是用巨竹为筒，里头再装上火药，安上"子窠"，即瓷片、碎铁片、石子一类东西。

使用时，用火点燃火药，起初发出火焰，火焰尽后，"子巢"借着火药气体的力量被抛射出去，同时伴随有强烈的响声，其声响可传到100米远。

这种"子窠"就是日后子弹的先声，也是现代霰弹枪的真正起源。

金朝末年的管形火器叫"飞火枪"。它是用16层敕黄纸制成的筒子，长2尺多。筒子之所以用纸做，乃是因为北方不产竹子的缘故。

筒子缚在枪头的近处，内装柳灰、铁碎末、硫黄、砒霜混合的药料。点着后，焰火可烧到十几步之远。其作用和宋人的火枪相同，在于焚烧敌人。

元人承袭了宋金的火器，但又有所发展。在宋金时本来是用竹制，或纸制的枪身或筒身，到了元代中叶后多数已改为用铜或铁来制造了。也就在这时，我国的火药和金属管形火器传入欧洲，火枪得到了较快的发展。

15世纪初，西班牙人研制出了火绳枪。后来，被明王朝仿制，称之为鸟铳。直至16世纪中叶，法国人马汉发明了燧发枪，将火绳点火改为燧石点火，才逐渐克服了气候的影响，且简化了射击程序，提高了射击精度，可随时发射。

管形火器在火器上是一大进步，并对后世枪炮的

燧发枪 由16世纪中叶出生在枪炮工匠、锁匠和钟表匠家庭的法国人马汉发明。原理是重撞燧石冒出火星，引燃火药击发。大大简化了射击过程，提高了发火率和射击精度，使用方便，而且成本较低，便于大量生产。

■ 明代铜火铳

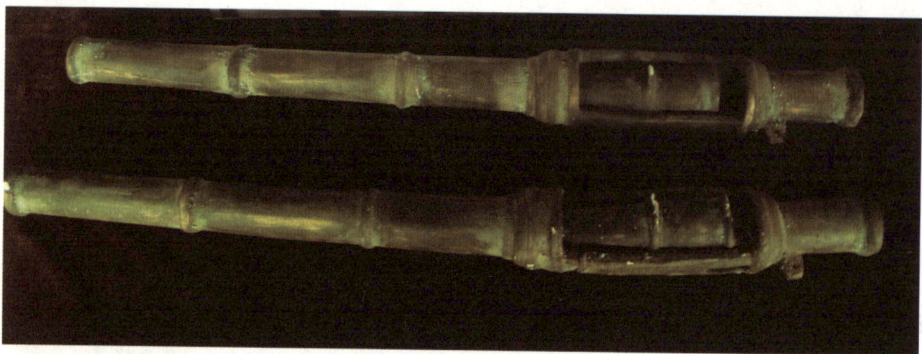

■ 明代木制火铳

划分产生了深远影响。近代枪、炮的划分，就是从陈规发明的管形火器逐渐发展而来的。

在我国古代兵器中，对枪、炮的划分不明确，起初也没有一定的制式和标准。金属管火器出现以后，人们才将口径大的叫做铳、炮；口径小的叫枪，有的称铳、筒。

在明代兵书中就明确指出，管形火器的大小主要是根据用途和使用要求而定，即"大者发用车，次及小者用架、用桩、用托，大利于守、小利于战。"

这就是说，当时人们造枪是用于步兵、骑兵作战，要求短小轻便；而造炮是用于守城攻坚。对于大型火炮，得用车载船运或修筑固定的炮台，以便用猛烈的炮火攻克堡垒或抵御对方的攻击。

这种划分枪、炮的办法，与近代按口径大小区分枪、炮的原则是一致的，即口径在20毫米以上，含20毫米者即为炮，以下即为枪。

由此可见，火药的发明促使了管形火器的问世，而管形火器孕育了现代的枪、炮。对于重型火器来说，火药使冷兵器的炮变成威力强大的火炮，这对武器的发展和战争本身都产生了巨大的影响。

兵书 我国古代对论述兵法的著作的称谓，后成为军事著作的通称。历代兵书从内容上可分为兵法、兵略、训练、阵法、兵制、兵器、城守、军事地理、名将传等类。现存最早的完整兵书是《孙子兵法》。兵书在哲学、科学史、天文学、气象学、文学和历史学等方面，都具有相当高的价值。

正如恩格斯对此作的精辟论述那样："以前一直攻不破的贵族城堡的城墙，现在抵不住市民的大炮了"，这些大炮"不但影响了作战方式的本身，还影响了被统治和压迫的关系。"

陈规画像

陈规的管形火器的发明，表明人们已经想出方法来适当地操纵烈性的火药，能使点燃的火药定向集中喷射火焰，也使得火药在战争中的使用向前跨越了一大步！

它的威力虽然不算很大，但从原理上来说，管形火器已采用火药作为发射动力，从而开辟了使用管形火器的先河，这标志着火器已开始向近代枪炮的方向发展。因此，发明管形火器的陈规被认为近代枪炮的鼻祖。

阅读链接

陈规为官清廉，家中没有多余的财产。此外，他更是一个内心善良的人，乐善好施，喜好赈济穷人。

他曾经为自己的女儿找一个侍女，是一个妇人，这妇人举止闲雅端庄，陈规感到奇怪就询问她，才知道，原来她是云梦的张贡士的女儿，由于战乱，丈夫死了没有依托，只能寄人篱下讨饭为生。

陈规立刻停止让她做侍女，并把自己女儿的嫁妆拿出一部分给她做了嫁妆。听说过这件事的人都非常感动，人们都交口称赞。

世界最早奶粉发明者慧元

慧元，蒙古族，成吉思汗麾下大将，曾负责过蒙古骑兵的后勤工作。有关慧元的资料未见详细历史记载，但他发明的奶粉和肉松的制作方法，不仅解决了当时蒙古骑兵远程作战时的军粮问题，也对后世的奶粉生产和加工产生了深远的影响。慧元发明的奶粉，被公认为是世界上最伟大的发明之一，他不仅解决了当时的军粮，也让人们随时随地可以喝上牛奶。

奶粉的发明成就了一代天骄，奠定了现有的祖国版图，促进了世界多民族的融合，打通了亚欧大陆通道。

■ 奶粉的发明者慧元画像

■ 成吉思汗 （1162—1227年），即孛儿只斤·铁木真。蒙古族。蒙古帝国可汗，谥号"圣武皇帝""法天启运圣武皇帝"，庙号太祖，尊号"成吉思汗"。世界史上杰出的政治家、军事家。建立蒙古帝国，灭花剌子模。毛泽东将成吉思汗称为"一代天骄"。

成吉思汗统一了蒙古诸部后，准备灭金。为了能够全力对付金朝，他派遣了商队同中亚强国花剌子模国通好，结果商队被劫，使者被杀。此举震怒了一代天骄，决心征伐花剌子模国。

花剌子模国，起源于今乌兹别克斯坦和土库曼斯坦，势力范围达中西亚，是中西亚的强国。其地理位置正处于丝绸之路，可以坐收渔利。

花剌子模国国王摩诃末敢于纵容手下劫杀蒙古商队，原因在于蒙古高原通向花剌子模国有一片沙漠，即可吉尔库姆沙漠，这是天然的屏障。花剌子模国国王根本不相信蒙古

丝绸之路 是起始于古都长安连接亚非欧三洲的陆路商贸路线。它跨越陇山山脉，穿过河西走廊，通过玉门关和阳关，抵达新疆，沿绿洲和帕米尔高原通过中亚、西亚和北非，最终抵达非洲和欧洲。它也是一条东方与西方之间经济、政治、文化进行交流的主要道路。

■ 摩诃末 全名阿拉乌丁·摩诃末，花剌子模国王。1200年，阿拉乌丁·摩诃末即位。因杀害蒙古商队而招致成吉思汗兴兵讨伐。被蒙古军队打败后，先逃亡巴尔赫，再前往呼罗珊的李沙不儿，逃入里海，死在一个名为额别思宽的小岛上。

■ 蒙古骑兵雕塑

花剌子模 花剌子模古国位于中亚"母亲河"阿姆河下游三角洲，是中亚文明发育最早的地区之一，历史上曾经有过十分辉煌的时期，其文化成就堪称中亚文明宝库中的奇葩。花剌子模地区很早就有人类居住和活动。距今3000多年前，这个地区新石器文化已经具有很高的水准。

人能够穿越这样的"死亡地带"。

1217年，成吉思汗西征花剌子模国。在当时，如何穿越东西长880千米，南北宽440千米的可吉尔库姆沙漠，成为蒙古大军面临的问题，而穿越这样的沙漠，关键是将士们必须吃饱吃好。为了解决部队吃饭问题，当时负责后勤给养的大将慧元发明了奶粉和肉松的制作方法。

慧元的制作方法其时很简单，就是把牛羊鲜奶集中起来，用大锅熬成糊状，然后摊开进行干燥处理，做成了便于携带的粉末状奶粉，作为军需食物。长途行军时，奶粉便于携带。

食用时，取半镑左右放入随身携带的皮囊中，加入水挂在马背上，通过马奔跑时产生的震动，使其溶解成粥状，即能食用。蒙古骑兵在长途行军和沙漠作战缺少粮草时，依靠这种方法能生存达几个月之久。

另外，慧元还将牛羊肉烘焙干制成咸味的肉松，为出征的将士当军粮。肉松相当于我们现在的压缩饼干。奶粉和肉松可以耐高温，不易变质，可以提供大量的热量，保证士兵的体力。而且可以边骑马边吃，这就大大提高了部队的速度。

慧元发明了奶粉和肉松，成就了蒙古铁骑一日千里的神速，堪称世界军事历史的最早的闪电战，创造了许多以少胜多的战例。后来，蒙古军队之所以能驰骋欧亚、所向披靡，全仗精锐的骑兵以及慧元发明的奶粉和肉松这种便携式军粮。

据有史可查的记载，意大利马可·波罗在游记中的记述：中国元朝的蒙古骑兵曾携带过一种奶粉食品，是蒙古大将慧元对它进行了巧妙的干燥处理，做成了便于携带的粉末状奶粉。中国是发明奶粉最早的国家，这也是目前世界上公认的人类最早使用奶粉的文字记录！

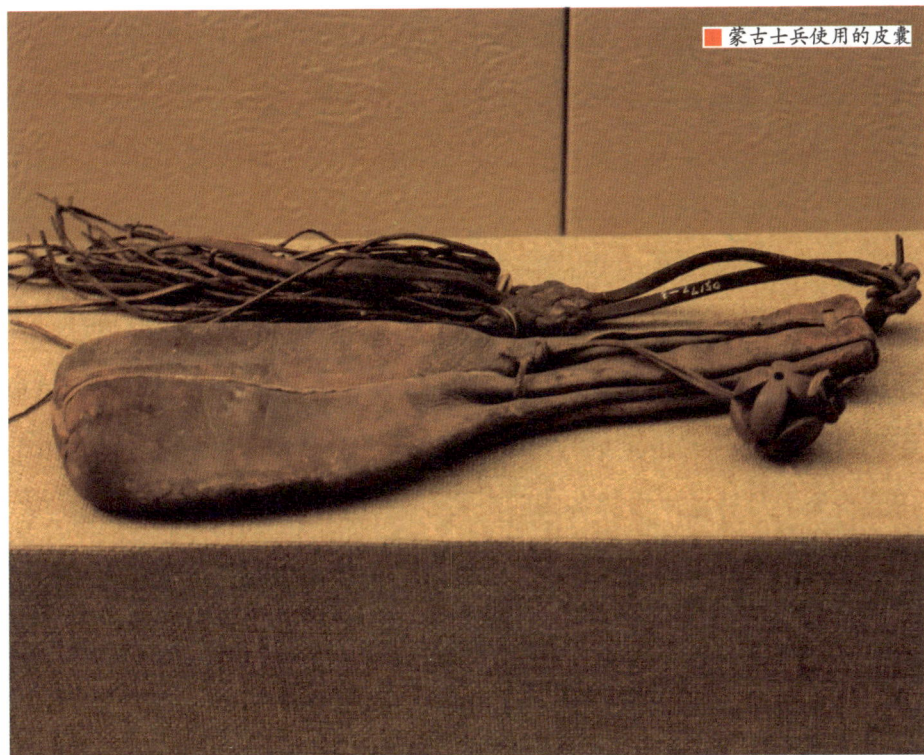
蒙古士兵使用的皮囊

蒙古族使用的金彩云龙纹奶食盘

马克思在《马克思印度史编年稿》一书中写道：成吉思汗在统一蒙古的过程中组建了一支军队，他依靠这支军队携带着慧元发明的奶粉征服了东蒙与华北，然后征服了阿姆河以北的地方与呼罗珊，还征服了突厥族地区，即不花剌、花剌子模和波斯，并且还侵入印度。他的帝国的疆土从里海一直延伸到北京，南面伸展到印度洋和喜马拉雅山西面到阿斯特拉汗和嘉桑。

1999年，韩国总统金大中说："有人认为，由于有了蒙古人，人类才第一次拥有了世界史，有了慧元发明的奶粉人类才那样强壮，而蒙古人倔强不拔、勇猛无敌的精神和机智敏捷的性格塑造了伟大的成吉思汗。同样，我也赞成一些人的评价，网络还未出现的七百年以前的蒙古人，却打通了世界各国的关系，建立了国际往来关系。"

慧元发明奶粉是世界上最伟大的发明之一，他不仅解决了当时的军粮，使奶粉成为成吉思汗驰骋欧亚的秘密武器，也从根本上解放了妇女，使人们随时随地可以喝上牛奶而不用牵着牛。奶粉的发明使成吉思汗创造了前无古人、后无来者的强大帝国，打通了亚欧大通道，促进了东西方文明的交流。

奶粉的发明使慧元名扬天下，历久弥新。在慧元发明奶粉这一便携式食物后大约600年，1805年，法国人帕芒蒂伦瓦尔德才建立了世界上第一个奶粉工厂，开始正式生产奶粉。

在这期间，有的设计是使用真空蒸发罐，先将牛奶浓缩成饼状，然后再干燥制粉；有的设计则是将经过初步浓缩后的牛奶摊在加热的滚筒上，剥下烙成的薄奶膜再制粉等。

但最好的奶粉制作方法是美国人帕西于1877年发明的喷雾法。这种方法是先将牛奶真空浓缩至原体积的四分之一，成为浓缩乳，然后以雾状喷到有热空气的干燥室里，脱水后制成粉，再快速冷却过筛，即可包装为成品了。这一方法至今仍被沿用。

相比之下，我国的慧元奶粉更是前无古人后无来者的大品牌。慧元奶粉经过800年的哺育，已经成为人类聪明的开始，智慧的源泉，力量的象征，健康的支柱。

阅读链接

据说成吉思汗的子孙为了纪念发明奶粉的慧元，就在建国后起国号为"元"。此外，货币作为珍贵的军需物质，当年分发时叫作元，也是为了纪念慧元的伟大发明，其寓意是慧等于聪明，元等于开始，慧元就是聪明的开始。

而慧元是世界上最早的奶粉品牌！现在所有的奶粉品牌都带有元字或者慧字，或者与之谐音，如：惠氏、慧幼、慧昌、慧佳、慧恩、慧滋、贝慧、慧能、三元、圣元、金元、正元、之元、本元、爱元等，都是奶粉品牌！

被尊为布业始祖的黄道婆

黄道婆（约1245—1330年），原名黄小姑，又名黄婆，黄母。生于宋末元初松江府乌泥泾镇，即今上海市华泾镇。知名的棉纺织家。

由于黄道婆传授的先进的纺织技术以及推广先进的纺织工具，使百姓迅速掌握了先进的织造技术，而受到百姓的敬仰。在清朝的时候，被尊为布业的始祖。

■纺织家黄道婆画像

黄道婆出身贫苦，因生活所迫，十二三岁就给人家当了童养媳。公婆的虐待让她无法忍受，于是她被迫逃离了这个家庭，来到了海南岛南部的崖州。

■ 黄道婆向黎族同胞学习纺织技术

崖州是海南少数民族黎族的聚居地，这里的棉纺织业相当发达。黄道婆在当地安顿下来以后，开始向黎族妇女学习她们的纺织技术。黎族同胞热情地把她们掌握的先进的纺织技术毫无保留地传授给她。

时光流逝，黄道婆逐渐成为了一名出色的纺织技术能手。她织出的物品，精美程度甚至超过了当地的黎族同胞。

黄道婆在崖州生活了二三十年之久，随着岁月的流逝，她开始怀念起自己的家乡来，她渴望着让家乡父老分享自己学到的先进的纺织技术。后来，她终于辞别黎族同胞，带着黎族人民创制的先进的纺织工

崖州 我国古代行政区划名，曾多次设置。北宋开宝五年改为振州置，治宁远县，也就是现在海南三亚市西北崖城镇，属广南西路。辖境有今海南省三亚市及保亭、乐东两县部分地方。后又改为朱崖军、吉阳军、升为直隶州、废为县等。

乌泥泾 原是一条河流的名称，后又成为镇名，镇位于上海县城，今南市老城厢，西南26里，旧属二十六保地界，相当于长桥镇南、华泾镇北，今龙华乡平桥、东湾、西湾自然村一带。据记载这里是松江府最早种植棉花的地方，也是纺织能手黄道婆的故乡。然而，数百年前的繁盛之地，如今在地图上却难见其名。

■ 正在纺织的黄道婆蜡像

具，搭乘顺道的海船回到阔别30多年的乌泥泾。

黄道婆回到乌泥泾后，看到自己的家乡依然像过去一样贫瘠，人民穷困，棉织业落后，棉纺织技术极其原始，还不如崖州，她感到十分心痛。

在当时，内地的棉花加工技术比较落后，人们对去籽、弹松、并条、纺纱等工序的处理还很原始。这种状况，严重妨碍了棉纺织业的发展。

黄道婆决心利用自己在崖州学到的先进棉纺织技术，改革当地的棉纺织业，为家乡的父老乡亲实实在在做点儿事。

黄道婆在革新棉纺织技术上的主要贡献，是她为了适应松江地区棉纺织业发展的需要，创造性地提出了一套棉纺织技术的完整的新工艺。在这套新工艺中，她对"擀、弹、纺、织"等内容的革新最为引人

■ 黄道婆发明的纺
织工具

注目。

所谓"擀",就是用"擀"的方法除去棉花中的棉籽，这是整套棉纺织工序的第一步。

在黄道婆之前，脱棉籽是棉纺织过程中的一道难关。因为棉籽生于棉桃内部，为数又多，很难将其脱去。当时人们大都是用手直接将棉桃中的棉籽剥去，也有用手推铁棍将其挤出的。

这些方法效率都非常低，以至于原棉常常积压在去棉籽这道工序上。黄道婆以黎族的踏车为基础，创造出一种轧车，专门用来轧棉籽。

黄道婆创造的轧车主要结构为一对碾轴，是由一根直径较小的铁轴，配合一根直径较大的木轴组成的。两个轴上都装有曲柄转轴，操作时由两人转动碾轴，另一人将棉桃喂入两轴中间的空隙里，利用这两

并条 纤维材料经前到工序的开松、梳理，已制成了连续的条状半成品，即条子，又称生条，但还不能将它直接纺成细纱。因此，在进一步纺纱之前需将梳棉生条并合，改善条干均匀度及纤维状态，这就是并条。

根直径不同、速度不等、回转方向相反的碾轴相互碾轧，将棉籽从棉桃里挤出来。

这种轧车较之手剥棉籽不仅省力，而且能大大提高效率。它的出现，是当时皮棉生产中一件重大技术革新。1793年美国人发明了轧棉机，在此之前，一个黑人紧张地劳动一天，未必能剥离出一磅棉花。现在我们看到，比美国人早近五个世纪，黄道婆已率先做出了这项发明。

接下来是"弹"。剥离棉籽后的皮棉，板结在一块，无法用来纺纱，必须将其弹松。

传统的方法是用一尺多长的小竹弓来弹松棉花的。这种小弓用竹做弧，用线做弦，弹力小，效率低。黄道婆把小弓改成了四尺长的大弓，用绳弦代替线弦，而且还用檀木做的槌子击弦弹棉。

这样比原来用手指弹拨的小竹弓效率高多了。弹棉的速度快了，弹出的棉花也均匀细致，为后面的纺纱、织造工序提高质量创造了条件。黄道婆改进的这种弹弓，直至现在有时在农村还能见到。

"纺"就是指纺纱。当时在松江一带用的棉纺

纺纱 取动物或植物性纤维运用加捻的方式使其抱合成为一连续性无限延伸的纱线，以便适用于织造的一种行为。纺纱原就属于一项非常古老的活动，自史前时代，人类就已经懂得将一些较短的纤维纺成长纱，然后再将其织成布。

■ 黄道婆在纺线

■ 黄道婆三锭脚踏纺车

车都是旧式的单锭手摇纺车，功效比较低，要三四个人才能供上一架织布机的需要。而且这种车的原动轮较大，纺锭的转速较快，纺纱时棉纱往往因牵伸不及造成拈度过高而易于崩断。

针对这种情况，黄道婆对传统纺车做了几处大胆的改动：首先是增加纱锭，由一枚变为三枚，并将手摇改为脚踏，从而使劳动强度有所降低，功效却大大提高；其次是改动原动轮的轮径，使之适当缩小，这就降低了纺锭转速，解决了棉纱断条问题。经黄道婆改进的这种三锭脚踏纺车，由于性能良好，很快就得到推广，被人们广泛采用。

三锭脚踏纺车是纺织技术史上的一大发明，它比欧洲出现的类似纺车早了几个世纪，是当时世界上最

松江 位于上海市西南，黄浦江上游。松江古称华亭，别称云间。松江，是上海历史文化的发祥地。松江历史悠久，自古经济发达，文化兴盛，人才荟萃。据考古发现，距今约6000年，先民们就在九峰一带劳动生息，创造了崧泽型和良渚型等古文化。

先进的纺纱机械。这种三锭脚踏纺车操作起来也不是太难，一般妇女经过一段时间训练都能掌握。

马克思在《资本论》里曾经说过，当英国人未发明珍妮纺纱机时，德国有人发明了一种有两个纱锭的纺车，但要找到能同时纺两根纱的纺织工人，却几乎和找双头人一样不易。而黄道婆发明的纺车却是三锭的，并且一般人都能掌握。由此更可以看出黄道婆这一发明的意义。

"织"则指织布。黄道婆把江南先进的丝麻制作技术运用到棉织业中，并吸收了黎族同胞棉织技术的优点，总结出一套先进的工艺。

黄道婆利用这套工艺，与家乡妇女在她们织的被、裙、带、手巾等产品上，织出了折枝、团凤、棋局、图案字等纹饰，这些纹饰，鲜艳如画、风格生动，因而风行一时。她们所织的"乌泥泾被"名驰全国。元朝诗人王逢曾热情地加以赞扬：

崖州布被五色缫，
组雾紃云粲花草。
片帆鲸海得风口，
千轴乌径夺天造。

黄道婆回到故乡后，她没过多久就去世了。但就

发明巨匠

发明天工与创造英才

乡宦 旧称乡村中做过官又回乡的人，也就是退居住乡里的官宦。作为在野之臣、居乡之士的乡宦，由于其"非官非民、亦官亦民"的特殊身份，他们是最贴近大众社会的记录者。他们的仕宦经历和学识水平使其对于世事变迁有着更为敏感的观察力和深刻的解析力。

在这短短的几年时间内，她依靠自己的聪明才智，依靠自己的勤奋，革新了传统的棉纺织技术，使松江地区的棉纺织业发展出现了前所未有的局面，这实在是一个奇迹。

黄道婆对家乡人民的贡献是无私的。在古代我国有一个陋习：人们一旦有了一技之长，往往要把其中的诀窍隐藏起来，秘不示人。黄道婆没有沾染上这一陋习。她以博大的胸怀，把她所掌握的一切新技术，全部无偿地奉献给了家乡的人民。

黄道婆刚去世不久，当地民众就公推一个赵姓乡宦为首，为她建立了一所祠院，以表彰她的功绩。这一祠院不久毁于战火，于是，另一位张姓乡宦又挺身而出，重新建造了祠院。

此外，在松江一带，供奉黄道婆的祠院，还有好几处，如现在上海市南区的先棉祠、豫园内的跋织亭

先棉祠 又名黄母祠，是为纪念黄道婆传授纺织技术、造福乡里的功绩而建。1981年，祠址被划进植物园内。1991年有关部门将旧祠重新修复，按原样修复的黄婆庙为六架梁五开间歇山顶建筑，室内陈列黄道婆生平事迹。

■ 黄道婆墓

黄道婆铜像

等。可见当地人民对她的尊敬和怀念是如何深厚。

有一首在原上海松江一带世代相传的歌谣是这样唱的：

黄婆婆，黄婆婆，教我纱，教我布，两只筒子两匹布。

这首歌形象地表达了当地民众对黄道婆革新纺织技术、并积极传播新的纺织技术的感激之情。

黄道婆是适应时代要求而涌现的棉纺织技术革新家，也是我国历史上少见的女性发明家。她创造出一套先进的棉纺工具和纺织技术，不仅泽被故里，造福一方，而且极大地推动了我国棉纺业的发展。她的事迹，将永载史册。

130
发明巨匠
发明天工与创造英才

阅读链接

有一天，有个外地商人窜进黄道婆家，要用高价买她的纺织品献给皇朝。黄道婆婉言谢绝说："我织布还不够自己穿，哪里有布出卖。"

商人威胁说："献给皇朝的贡品却不可少，否则怕你担罪不起呀！"

黄道婆答道："你要贡品献给皇朝就自己织布去。"

那商人冷笑说："这也是州官的旨意，你如不答应，别想有站脚之地"。

黄道婆也毫不示弱，下了逐客令："这里是我的家，也没有你的站脚之地，快给我滚！"

那商人无可奈何，只好灰溜溜地走了。

首创能人

明清两代是我国历史上的近世时期，在这一时期的科技成就也是值得一提的。

赵士祯、戴梓的火器发明，在兵工技术史上占有重要地位。黄履庄发明的世界第一辆自行车，给无数人带来出行便利。而齐彦槐的天文仪器，居然成为明清时期汇通中西的历史见证。

我国近世时期的创制能人，同样在技术领域书写了精彩的一页。

钢琴理论的鼻祖朱载堉

朱载堉（1536—1611年），字伯勤，号句曲山人，青年时自号狂生、山阳酒狂仙客。系明太祖朱元璋九世孙，仁宗帝的第六代孙，郑藩王族嫡世。

他是一位百科全书式的学者，是乐律学家、音乐家、乐器制造家、舞学家、数学家、物理学家、天文历法学家。因其首创的"十二平均律"，或称十二等程律、新法密律，被广泛应用在世界各国的键盘乐器上，包括钢琴，故被誉为"钢琴理论的鼻祖"。

■ 钢琴理论的鼻祖朱载堉塑像

　　朱载堉的父亲郑恭王朱厚烷能书善文，精通音律乐谱，载堉自幼深受父亲影响，喜欢音乐、数学，聪明过人。嘉靖二十四年，即1545年，年仅10岁的载堉就攻读《尚书盘庚》等史书，并封为世子，成为郑王的继承人。

　　不过，朱载堉虽然贵为王子，但他的生活道路并不平坦，这与他父亲朱厚烷的经历有关。朱厚烷是明仁宗朱高炽的第六世孙，袭父封爵，为郑恭王。他生活朴素，为人刚直，一次，他无意间得罪了皇帝，最后被囚禁了起来。

　　当时，朱载堉刚满15岁，父亲被囚禁后，他离开了皇宫，住在民间，过着普通人的日子。

　　在这期间，朱载堉发奋攻读，致力于乐律、历算之学的研究，撰写了大量学术著作。

　　隆庆元年，即1567年，朱厚烷冤案平反，第二年，朱载堉结束了"席藁独处"的生活，重回宫中。万历十九年，即1591年，朱厚烷病逝，载堉为世子，本可承继王位，但他上书皇帝，甘愿放弃一切。最

朱厚烷画像

■ 古人演奏乐器

发明巨匠

发明天工与创造英才

世子 是亲王法定继承人的正式封号。在汉朝初期，亲王法定继承人的正式封号为"王太子"，后来为了与皇太子相区别，改为世子，后代延习不改。另外，对于贵族、高官的儿子们，也习尊称为世子，以示尊重，但这不是正式的称呼。

后，他迁居到怀庆府城外，自称道人，仍"务益著书"。朱载堉对我国古代文化的最大贡献是他创建了"十二平均律"。这是音乐学和音乐物理学的一大革命，也是世界科学史上的一大发明。

在我国古代音律学发展过程中，如何能够实现乐曲演奏中的旋宫转调，历代都有学者孜孜不倦进行探索，但是迄朱载堉时无人登上成功的峰顶，只有朱载堉彻底解决了这一问题。他在总结前人乐律理论基础上，通过精密计算和科学实验，成功地发现十二平均律的等比数列规律，称其为密率，在他的作品《律学新说》卷一中，他概述了十二平均律的计算方法：

　　创立新法：置一尺为实，以密率除之，凡十二遍。

在《律吕精义·内篇》卷一中，他对十二平均律做了描述：

　　盖十二律黄钟为始，应钟为终，终而复始，循环无端。……是故各律皆以黄钟……为实，皆以应钟倍数1.059463……为法除之，即得其次律也。

为了让人们阅读的方便，引文中用了阿拉伯数字代替了原文中的汉字数字。用这种方法确定的各律相应弦长，其音程相等，完全可以满足音乐演奏中旋宫转调的要求。这也正是现代国际音乐中通用的"十二平均律"。

后来，朱载堉研究出的十二平均律的关键数据——"根号2开12次方"被传教士通过丝绸之路带到了西方，巴赫根据它制造出了世界上第一架钢琴。如果把巴赫称为钢琴之父的话，朱载堉便可以称为钢琴之祖了。如果没有十二平均律，帕瓦罗蒂的《我的太阳》就没法演唱，因为此曲里面有转两个八度的音。

我国著名的律学专家黄翔鹏先生说："十二平均律不是一个单项的科研成果，而是涉及古代计量科学、数学、物理学中的音乐声学，纵贯中国乐律学

黄翔鹏 曾用名黄祥鹏、祥鹏、羊鹏等。曾任中央音乐学院音乐学系讲师，中国艺术研究院博士生导师等职务。他的研究主要在中国音乐史和中国传统音乐理论两个领域，对出土和传世音乐文物的研究、传统音乐的型态学特征及其历史发展和中国乐律学史、曲调考证等方面都具有理论建树和新发现。

■ 古人演奏乐器

阿承天

■ 古人乐器演奏雕塑

史，旁及天文历算并密切相关于音乐艺术实践的、博大精深的成果。"

在创建了十二律的过程中，朱载堉也受到了他父亲的巨大影响。朱厚烷精通音律学，他对儿子说："仲吕顺生黄钟，返本还元；黄钟逆生仲吕，循环无端。实无往而不返之理。笙琴互证，则知三分损益之法非精义也。"

朱厚烷坚信旋宫转调能够实现，同时又明确指出传统三分损益法不可取，这对朱载堉有很大启发。正是在他父亲及前人工作基础上，朱载堉最终完成了十二平均律的发明。

围绕着十二平均律的创建，朱载堉成功地登上了一个又一个科学高峰。例如，为了解决十二平均律的计算问题，他研究了等比数列，找到了计算等比数列的方法，并将其成功地应用于求解十二平均律。为了解决繁重的数学运算，他最早运用珠算进行开方运算，并提出了一套珠算开方口诀，这是富有创见之举。他还解决了不同进位小数的换算方法，做出了有关计算法则的总结。在数学史上，这些都是很引人注目的成就。

在我国古代，音律学与度量衡分不开。朱载堉在研究音律学的同时，还对计量学和度量衡的演变也做了考察。他亲自做了累黍实验以确定古人所说的尺长。为了确定量制标准，他测定了水银密度，测量结果相当精确。他从理论上辩证说明了"同律度量衡"之关系，对后世影响很大。

朱载堉注重实践、实验和实测。他特别注意把自己的理论放在实践中去检验。例如他提出的名为"异径管律"的管口校正法，就是从数学中推导出来以

累黍 是我国古代两种很小的重量单位，形容数量极小。古代用黍粒作为计量的基准，累黍就是用一定的方式排列黍粒，或纵排，或横排，成为分、寸、尺及音乐律管的长度，或成为合、升、斗等计量容积或成为铢、两、斤等计算重量。

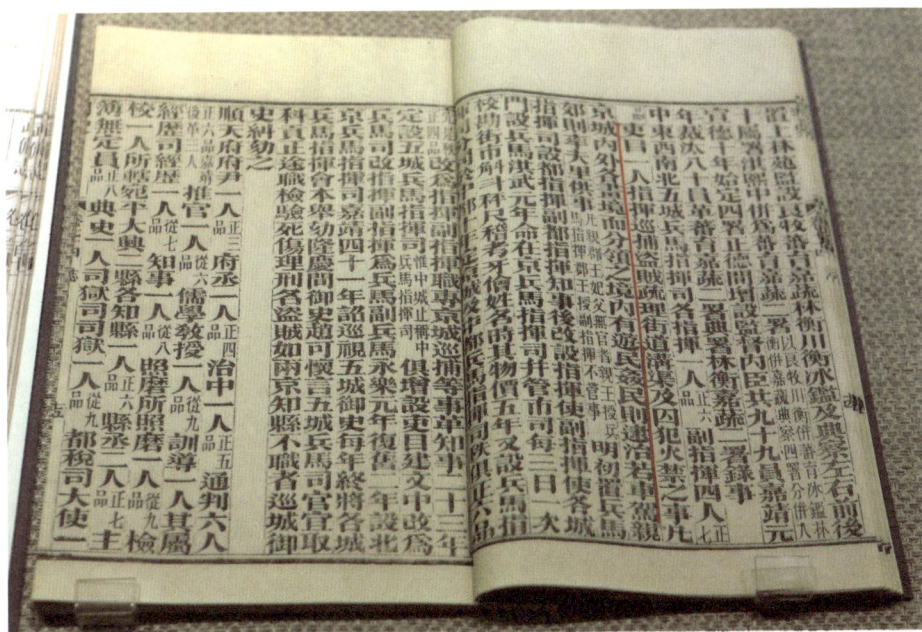

137

近世时期

首创能人

■《明史·历志》

后，又在实践中进行检验，证明了它确实是有效的。他的书中记述了大量的实验事实，如管口校正实验、和声实验、累黍实验、度量实验等，就充分反映了他的这一思想方法。

与此同时，朱载堉还在天文学上也有很高造诣。他生活的时代，明朝通用的历法是《大统历》，因行用日久，常出差错。万历二十三年，即1595年，他上书皇帝，进献《圣寿万年历》《律历融通》二书，提请改历。其见解精辟，深得识者称许。《明史·历志》曾大段摘引他的议论。礼部尚书范谦向皇帝建议说："其书应发钦天监参订测验。世子留心历学，博通今古，宜赐敕奖谕。"得到皇帝允许。

邢云路是明末一位著名天文学家，著有《古今律历考》一书，朱载堉为之作序，序文中称，他曾和邢"面讲古今历事，夜深忘倦"，邢"摘历史紧要处问难"，朱"于灯下步算以答"，二人"携手散步中庭，仰窥玄象。"生动地描写出了他们协力钻研天文的情形。

朱载堉的科学贡献是巨大的，他是我国封建社会富有创造性的学者，也是明代科学和艺术上的一颗巨星，中外学者尊崇他为"东方文艺复兴式的圣人"。

发明巨匠

发明天工与创造英才

阅读链接

在朱载堉出生的地方，流传着关于他的大量传说和故事：

据说，朱载堉出生时，他的母亲高妃怀胎已经11个月。正当家人为高妃迟迟不分娩而犯愁的时候，宫前飞来一只凤凰，边舞边鸣。府里的人都认为是个好兆。果然，高妃一高兴，朱载堉便出世了。

可是，朱载堉极会哭闹，常常夜啼，使得家人不得安宁。有一天，他父亲郑恭王为了缓解孩子的哭闹，吹起了箫，谁知朱载堉一听到箫声就停止了啼哭。从此，箫管成了终日陪伴他的宠物。

系统研究火器的专家赵士祯

赵士祯（1554—1611年），字常吉，号后湖。浙江乐清人。明代火器专家。第一位系统研究和传播外国先进火器的发明家。他博采了中外火铳之长，制成掣电铳、迅雷铳，还创制了鹰扬铳和火箭溜，并对子弹运动的基本要点有一定的研究。此外，他的《神器谱》等著作，在兵工技术史上占有重要地位，促进了军事技术的发展。

赵士祯著作有《神器谱》《续神器谱》《神器谱或问》《备边屯田车铳议》等，其中有火器图式24种。其中的《神器谱》《备边屯田车铳议》等著作，功在国家，彪炳千秋。

■火器专家赵士祯画像

鸟铳 我国发明的火药及火器，在14世纪初经阿拉伯传入欧洲以后，经过火器研制者们的仿造和改进，制成了在构造和性能上都比明代前期火铳优越的新型枪炮，之后再传回我国，明朝时称为鸟铳，又称鸟嘴铳。清朝改称鸟枪。

赵士祯生长于海滨，曾历经倭寇之患，深知增强国防力量，改善武器装备的重要，决心研制出精良的火器装备官军，卫国保民。他深入调查火器使用情况，广泛走访火器专家和御倭将领。

1596年，赵士祯在温州籍游击将军陈寅那里见到西洋番铳，深受启发。当时，有一个寓居北京的土耳其人，名叫朵思麻，赵士祯获知他原是土耳其一位专门管理火器的官员，便特意登门求教。

朵思麻将自己收藏的鸟铳拿给赵士祯看，并且详细讲解了鸟铳的制造和使用方法。就这样，赵士祯搜集和积累了火器研制方面的大量资料和经验。、

1597年，赵士祯给皇帝呈上了《用兵八害》的条陈，建议制造番鸟铳。经兵部商议后交给京营试制，京营官员便向赵士祯请教试制诸法。

赵士祯唯恐京营"制造打放两不如法"，就自己出资，并请朵思麻协助，召集工匠进行试制，终于在1598年研制出四种火器。其中"掣电铳""迅雷铳"为当时最新式的火器，前者兼具西洋铳和佛郎机的优

■ 鸟铳

清代手枪

点，后者结合了鸟铳和三眼铳的长处。

赵士祯他们首批共制造了10余架，他将其中7架绘了图样，并撰文对其构造、制法、打放架势等做了详尽说明，上呈皇帝。这一图样和文字就是《神器谱》。

掣电铳是单兵燧发枪，是赵士祯吸取鲁密铳及佛郎机的优点自行创造。掣电铳长约6尺，重5斤，采用后装子铳的形式，子铳6个。发火装置与鲁密铳不同，是撞击式燧发枪，构造和性能无大差异，主要是改进了发火装置，将火绳点火法，改进为燧石发火。击锤上夹燧石，扣扳机龙头下压，因弹簧的作用与燧石摩擦发火。

这样不但克服了风雨对射击造成的困难，而且不需要用手按龙头，射击精度更为准确，并在各种情况下，随时都可发射。且下面加有护圈。子铳预先装填好，轮流装入枪管发射，可以加快射击速度。

迅雷铳是一种装有5根铳管的火绳枪，铳管环绕在一木制铳杆四周，铳杆中部有机匣，前面套有盾牌，中间有一小斧做支架，整体造型十分独特。

据《神器谱》记载，迅雷铳"5支铳管共重10斤，单管长2尺多"。铳管固定在前后两个圆盘上，呈正五菱形分布，夹角为72度。

各铳管均装有准星、照门及供装火药线用的火门。5根火药线彼此间用薄铜片隔开，以保证发射时的安全。铳杆的前部中空，内装有火球一个，另一端安装一铁制枪头。中部的机匣，上有点火龙头，下有扳机，供5根铳管点火、发射之用。

前面的盾牌外包生牛皮，里面垫有丝绵、头发和纸等物质，中间开有一圆孔及5个方孔，铳杆从圆孔中通过，铳管从方孔中通过，方孔同时用来观察瞄准，盾牌用来保护射手的安全。

发射前，需将迅雷铳的5根铳管装填好弹药，套好盾牌，将小斧插在地上，架好铳身，射手左腿前踞，右腿后跪，左手把住机匣，右臂夹住铳杆，用右手控制扳机点火发射。射完一管后，把铳管盘转动72度，使第二根铳管对准机匣，继续瞄准发射。如此这般依次轮流发射完5根铳管。

如果此时仍有敌兵逼近，还可点燃铳杆中的火球，使其"喷焰灼敌"；当来不及重新装填弹药时，还可将铳杆倒转，当作拼杀武器使用；小斧及盾牌也都可以分别当作武器使用。真是一铳多用，攻防兼备。赵士祯真可谓用心良苦！

发明天工与创造英才

十九眼铳

这类装有瞄准具的多管枪，加长了枪管，缩小了射击口径，其射速和射程都有明显提高。更为主要的是提高了命中率，射击机构更趋科学和精密。有的枪采用多管式轮转发射，有近似机关枪的作用，射击时可连续发火，不给敌人以喘息之机。从这些特

点可以看出。这类火枪已较接近于近代的步枪了。

　　尽管这是杰出的发明，但也有作为火绳枪所克服不了的缺点。迅雷铳结构复杂，操作费时，在作战时难以短时间内排成战阵。而五个铳管射毕后重新装填又相当麻烦。

　　由于有多种配件可用于作战，如火铳、铳身内的火球、做支架用的斧子、铳管尾部的尖刺亦可用作长矛等，士兵往往处在"选择超载"状态。因此，迅雷铳还难以投入战场，更难以成军。目前也未见迅雷铳是否用于战场的记载。

　　正是由于存在这些缺点，赵士祯又不断精益求精。至1602年，经过改进的迅雷铳"战酣连发"，可以一气发射18弹，比以前上呈皇帝的只能连发5弹的迅雷铳要先进得多。

　　在此之后，赵士祯又借鉴日本人使用的大鸟铳发明了"鹰扬炮"，这种新式火器具有威力大、命中率高的优越性能，胜过了日本的大鸟铳。

　　鹰扬铳的铳管较长，管壁较厚，有准星、照门，铳后设有安放子铳的部位，并不使其敞口泄气。此铳

瞄准具 一种能赋予射击武器或投掷武器准确的瞄准角，使平均弹道通过目标的装置。明代火器专家赵士祯曾在他发明的迅雷铳上安装瞄准具。现代瞄准具已经有很多分类，如枪械瞄准具，机械瞄准具，自动电子瞄准具和激光瞄准具等。

■ 大将军炮 大型火炮，身用生铁铸造，长三五尺，重500斤，有多道加强箍，分大、中、小三种，发射7斤、3斤和1斤的铅弹，用一辆车运载。车轮前高后低，可在车上直接发射，具有较大威力。1530年开始制造。

既有小型佛朗机之轻便，又有大鸟铳命中精度之高，是兼有两者之长的新式火绳枪。

在作战时，敌人若用火绳枪发射1弹，鹰扬铳则可发射3至4弹，可见其射速之快。若将此铳安置于轻车之上，则多车齐进，连续射击，万弹齐发，其势之猛烈，不亚于后来的小型大将军炮，而其纵横进退，俯仰旋转，则较大将军轻便。是一种机动性好，杀伤力大的轻型火铳。

赵士祯还发明了"火箭溜"，这是一种火箭发射装置，可赋予火箭一定的射向和射角，是现代火箭发射装置的雏形，可谓中国火箭发展史上的一座里程碑。当时不推荐的理由，可能是明政府对已经拥有的指南针、火药、造纸术、印刷术，以及持有大炮感到十分自豪，加上对整个国家"大密封"，从而使得火箭溜没被装备在弓弩兵的军队上。

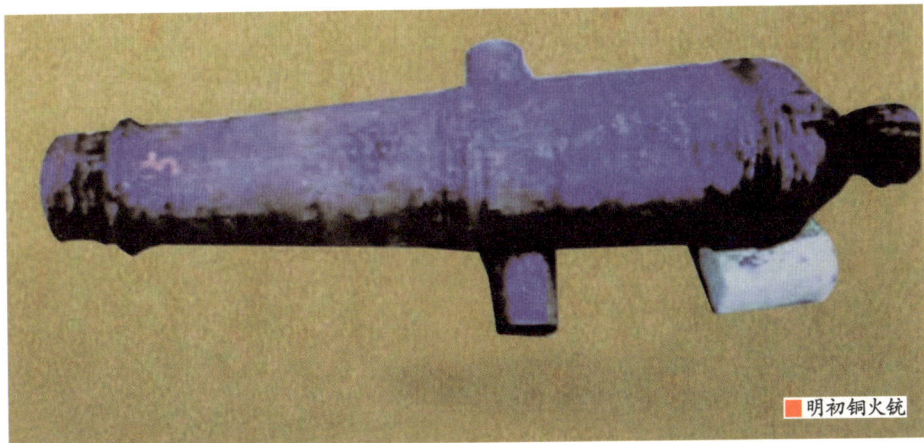
■ 明初铜火铳

至于赵士桢撰写的《神器谱》，主要论述火器制造和使用。书中介绍了数种铳枪、战车、火箭、火药等火器的构造图式、制造工艺、使用方法，论述了各种火器的特点、作用和在作战时的运用原则。《神器谱》图文并茂，有较强的科学性，在思想观念和军事技术等方面，对明末清初火器的发展，都有积极的影响。

赵士桢在火器研制方面的辉煌建树，可谓功在国家，彪炳千秋。而他的著作，则是对我国传统的科学做了总结。英国学者李约瑟的论著《中国科学技术史》，也高度评价了赵士桢《神器谱》一书在中国科学技术史上的地位。

阅读链接

赵士桢胸怀大志，才兼文武，善书能诗，喜谈兵事。他的祖父赵性鲁工诗词，尤精书法，以儒士授鸿胪寺右丞，官至大理寺寺副，曾参与编修《大明会典》。

赵士桢继承了家族血统，多才多艺。一次，他游寓京师，偶然题诗于扇上，扇为宦官所得，进献神宗皇帝，深受赞赏，遂"以善书徵，授鸿胪寺主簿"。

但赵士桢性格倜傥不群，耿介刚直，因而久居下位不得升迁。八品衔的鸿胪寺主簿竟做了18年之久，才得晋升为从七品衔的中书舍人。

天才的火器发明家戴梓

发明天工与创造英才

戴梓（1649—1726年），字文开，号耕烟老人。生于浙江仁和，即今浙江杭州。戴梓博学多能，通晓天文、历法、河渠、诗画、史籍等，是清代著名的机械，兵器制造家。他制造出多种火器，其中的"连珠火铳"和"子母炮"，威力巨大，享誉中外。《啸亭杂录·戴学士》一书中，称戴梓"少有机悟，自制火器"，小小年纪就被人们誉称为"天才火器发明家"。

戴梓不仅在研制火器方面做出了很大的贡献，而且在艺术上也有很高的造诣，他曾著有《耕烟草堂诗钞》，具有一定的影响性。

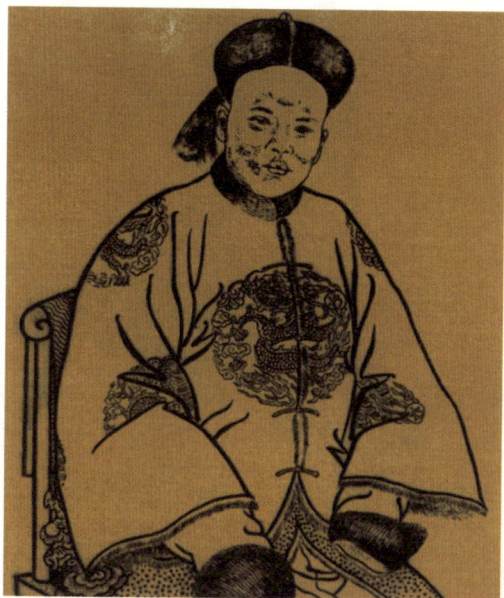

■我国清代火器制造家戴梓画像

■ 康熙 （1654—1722年），名爱新觉罗·玄烨，清朝的第四位皇帝、清定都北京后第二位皇帝。在位61年，谥号"合天弘运文武睿哲恭俭宽裕孝敬诚信功德大成仁皇帝"。是我国历史上在位时间最长的皇帝。他是我国统一的多民族国家的捍卫者，奠定出了清朝兴盛的根基，开创出康乾盛世的大局面。

戴梓出生在官吏之家。11岁时就能写诗作文，尤爱军器制造。少年之时就试制成功一种火铳，能射百步之外。

三藩之乱时，耿精忠自福建起兵响应吴三桂叛乱，康熙帝任命康亲王杰书为大将军，率清军赴闽浙征讨耿精忠。康亲王杰书闻知戴梓才名，礼聘其从军。时年25岁的戴梓欣然弃笔从戎，随军出征，并向康亲王献"连珠火铳"。

在围攻耿精忠大营时，戴梓单人单骑来到耿精忠大营，对耿精忠晓之以利害，动之以情理，终于劝得耿精忠率部归降。

康亲王班师回朝，康熙帝召见戴梓，很欣赏他的才华，授其翰林院侍讲官职，入南书房，并命他参与纂修《律吕正义》。

连珠火铳也叫"二十八连珠火铳"。铳背是弹匣，可贮存28发火药铅丸。铳机有两个，相互衔接，扣动一机，弹药自落于筒中，同时解脱另一机而击发。它的形状很像琵琶，能够连续射击28发子弹。

连珠火铳的设计十分巧妙，不仅解决了旧式火铳

三藩之乱 是我国清朝初期，在1673年至1681年间，平西王吴三桂、平南王尚可喜、靖南王耿精忠发起的叛乱事件。它使清政府不仅在经济上受到极大损失，而且还威胁到清政权。平定三藩，是清政府真正完成统一、确立稳定的皇朝统治的标志。

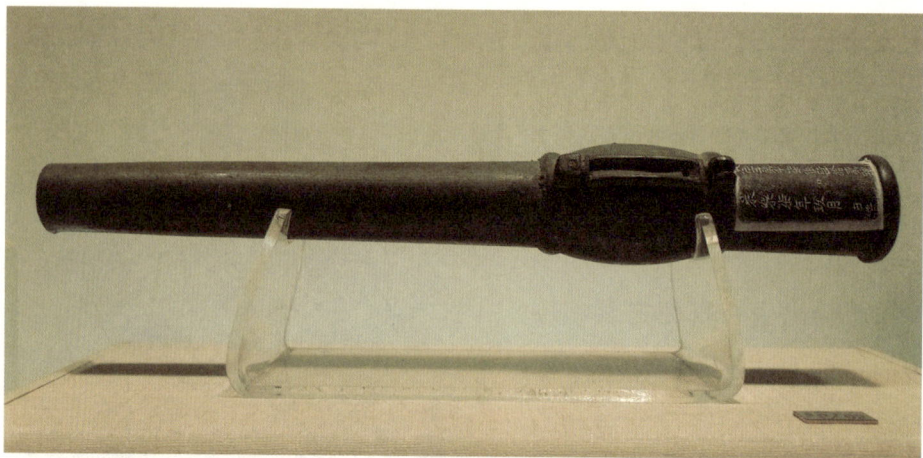

清朝火铣

发明巨匠

发明天工与创造英才

镌刻 镌是雕的意思，两个字连在一起便是雕刻的意思。指用各种可塑材料，如石膏、树脂、粘土等或可雕、可刻的硬质材料如木材、石头、金属、玉块、玛瑙等，创造出具有一定空间的可视、可触的艺术形象，借以反映社会生活、表达审美感受、审美情感、审美理想的艺术。

用火绳点火，容易遭受风雨潮湿影响的难题，同时吸收了西方洋火器能够连续射击的优点，使用方便，能够提高战斗力，比欧洲人发明使用机关枪早200多年，威力和优越性超过当时世界强国的同类火器。

这种连珠铣非但在我国算是首创，就是当时在世界上也可算是新颖的武器。有人认为这种能连续发射弹丸的火铣和现代的机枪非常相似，可以说是现代机枪的祖先，并称之为"世界上第一种机关枪"。

1686年，荷兰政府派遣使者来到中国，并进贡蟠肠鸟枪，戴梓奉命仿造了10枝枪，康熙将仿造的枪回赠给了荷兰使者，令荷兰使者大为吃惊。不久，戴梓又奉命仿造西班牙、葡萄牙所造的佛郎机炮，只花了5天就完成了。

其后，康熙帝又指令戴梓监造"子母炮"，8天即造成。子母炮造好后，康熙率众臣亲临现场观看试射，子母炮的火力威猛，弹无虚发，康熙非常高兴，并且大加赞赏，立刻为此炮赐名为"威远大将军"，并下令把制造者戴梓的姓名镌刻在炮身上以示纪念。

子母炮即冲天炮，是当时最小的轻型火炮，按构造可分为两种：

第一种，炮身长5.3尺，重95斤，安装在四轮平板车上，车有四轮。炮身前细后粗，底如覆笠，有五道箍，两侧各有炮耳。炮身后腹有一个敞口形装药室，可安子炮。子炮是一个空心圆筒，里面事先装好霰弹和火药，类似现在的定装弹。

战斗时，先将一个子炮装入室中，发射后退出空子炮，然后再换装第二个子炮，由于可以轮流换装子炮，不需要像其他火炮那样分别装火药和炮弹，所以射速非常高。而且空子炮还可以重新装填，以供下次使用。

每门子炮重8斤，有5个，各装火药2两2钱，铁子5两。子炮大小与装弹室匹配；发射时将子炮放入室内，并以铁钮固连，以防跌落。

第二种，炮身长5.8尺，重85斤，配子炮4个。炮身呈直筒形，炮尾加一个木柄，木柄后部向下弯曲，用铁锁连于四轮平板车上，可以推挽运行。

上述两种子母炮，起初使用实心弹丸和小弹子，到1717年以后，

清代铜铳

准噶尔叛乱 是一次维护祖国统一、反对民族分裂的正义战争。这次战争起于1690年，迄于1757年，迭经三朝，历时70年，最终取得了完全胜利。平定准噶尔贵族叛乱，消除了西部边疆的分裂割据状况，加强了对西部边疆地区的管理，进一步促进了全国的统一。

改用爆炸弹，命中率高，杀伤力大。使用时，将子炮放入母炮后腹开口处，用铁闩固定，然后点燃子炮，弹头从母炮口飞出。

清兵入关以前，不重视制造火炮，战斗中主要靠骑射取胜。但在1626年至1627年，明军在宁远、锦州守卫战中凭恃火炮重创清军后，清政府才认识到利用火炮的重要性，自此开始组建火器部队。

子母炮是当时较为先进的兵器，在战争中发挥了重要的作用。据记载，在康熙帝亲征准噶尔叛乱战争中，就带上了子母炮，在昭莫多战役中，子母炮大显神威，仅向噶尔丹大营开了三炮，敌军就吓得败逃。

1691年设立八旗火器营，给每名士兵发鸟枪一支，并于每旗设子母炮五尊。

戴梓不仅在研制火器方面做出很大的贡献，而且在艺术上也有很高的造诣。戴梓晚年仍然保持着耿直的性格，他的诗大多基调悲愤，以纪实、感怀为主，曾著《耕烟草堂诗钞》。

戴梓还总结前人的治水经验，写了一本《治河十策》的著作。

戴梓的才华遭到同事的妒忌，加上为人刚正不

■ 三眼火筒

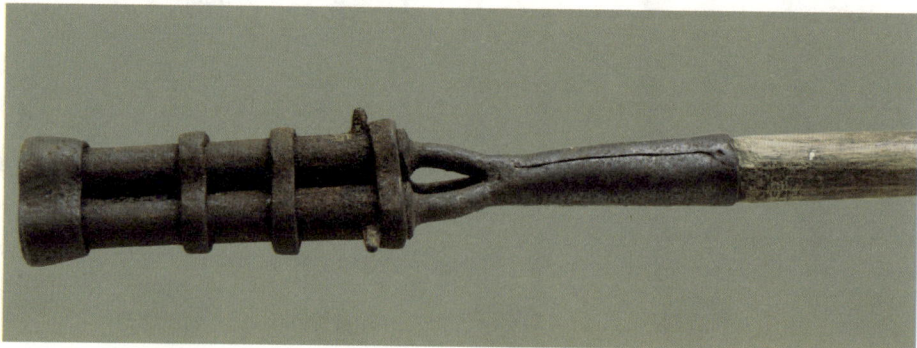

清代火炮

阿，敢言人过，在朝中也得罪不少人，埋下了祸根。有人诬陷戴梓"私通东洋"，结果康熙轻信谗言，将戴梓流放到了盛京，即今沈阳，直至77岁才被赦免，不久后，因贫病交加，溘然辞世。

戴梓在吸收西方佛郎机炮等枪炮的先进技术后，对我国古炮进行改进或重新制造，从而大大提高了炮弹的命中率和杀伤效能，推动了我国火炮业的发展。

"磨剑半生虚售世，著书千载枉惊人。"这就是后人对戴梓一生成就的评价。

阅读链接

戴梓刚刚发明"连珠火铳"时，并没有立即将它献给军营，而是藏在家里。原因据说是被一个梦给吓怕了。

有一天晚上，他在睡觉时做了一个梦，在梦中有个人斥责他说："上天有好生之德，你如果将此器献给军人，使其'流布人间'，杀伤人命，你的子孙后代将不会再有活着的人。"

梦中的人声色俱厉，实在骇人。醒来后，戴梓觉得冥冥之中似有神人指点。于是，他决定"器藏于家"。后来康亲王杰书礼聘于他，他才献出武器并随军出征，建功立业。

媲美爱迪生的发明家黄履庄

　　黄履庄，清朝顺治、康熙年间的扬州人。黄履庄自幼聪颖，尤其喜欢出新意。他一生发明无数，世界第一辆自行车便出自他的手。

　　尽管关于他的史料很少，然而仅有的资料也足以证明黄履庄是一位可以媲美爱迪生的杰出的天才发明家。

　　黄履庄毕生刻苦钻研，创造发明很多，他制有诸镜、玩器、水法、验器和造器之器等。其发明的"瑞光镜"，堪称是是世界上最早的探照灯。还发明了"真画"，人物马兽，皆能自动，与真无二，又创造了"自动戏""自行驱暑扇""验冷热器"和"验燥湿器"，即温度计等。著有《奇器图略》，现已节存于《虞初新志》，共有27种。

■ 中国的爱迪生黄履庄画像

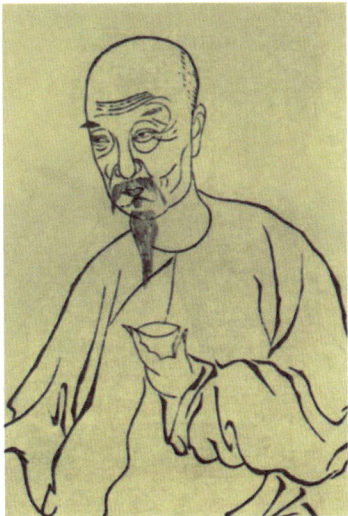

黄履庄10岁丧父，家境贫寒，只得投靠扬州城里的外祖父，和表兄住在一起。扬州是当时的对外通商口岸，黄履庄能够比较方便地看到欧洲传教士写的一些科技著作，他从中学到了不少几何、代数、物理、机械等方面的知识。

他的性格比较沉稳，平时喜欢独坐静思，遇到难题，经常废寝忘食地深入思考，直至想通为止。这些主客观因素，对黄履庄培养和提高创造发明能力都有很大帮助。

据黄履庄的表兄，明末清初张潮的《虞初新志·黄履庄传》记述，黄履庄在28岁以前已发明制造了相当多的自动机械器具和各种奇器，皆构思巧妙，令人叹为观止。

黄履庄曾经写了一本《奇器目略》，记录了自己的一些科技发明。但是，他的生平事迹很少见于文献记载，有关他28岁以后的事迹人们基本上一无所知。

更遗憾的是，他的科技发明并没有流传下来，他写的《奇器目略》一书也失传了。仅张潮在写《虞初新志》时，从《奇器目略》里"偶录数条，以见一斑"，选出27种机械器具的名称，写进了黄履庄的传记。

清代吴陈琬的《旷园杂志》也有黄履庄发明机械

奇器 就是奇巧的器物。古代以为邪僻而不合礼制。《礼记·王制》云："作淫声、异服、奇技、奇器以疑众，杀。"郭沫若《中国古代社会研究》说："这诗人所嗟叹的'民之多辟'，大约也就是作奇技奇器的该杀的勾当了。"另外，在文学作品中，奇器比喻一个人少有的才能。

早期的自行车

狗的记载，这些就是目前关于他的一些主要史料。

从以上的这些资料中，我们不难看出，黄履庄有很多的发明创造。他是一位杰出的天才发明家，在我国古代科技创新史上占有突出的地位。

我国是一个车辆的王国。在清朝康熙年间，黄履庄曾潜心研制了自行车。据上海科学技术文献出版社于2010年出版的《清朝野史大观》记载：

> 黄履庄所制双轮小车一辆，长三尺余，可坐一人，不需推挽，能自行。行时，以手挽轴旁曲拐，则复行如初，随住随挽日足行八十里。

由此可见，他制造的自行车，前后各有一个轮子，骑车人手摇轴旁曲拐，车就能前进。这是史料最早记载的自行车。

在黄履庄之后大约100年，1790年法国才制成了木制自行车，俄国

1801年制造了与法国车相似的木制自行车。世界上推广应用的自行车是1816年开发出来的，那一年德国人德·莱斯制造了带车把的木制两轮自行车，并申请了专利。

由此可见，黄履庄是自行车最早的发明者，而在康乾盛世，发明自行车也是扬州在科技创新方面领先国内外水平的一个重要标志。

1683年，黄履庄制作成功了第一架利用弦线吸湿伸缩原理的"验燥湿器"，即湿度计。它的特点是："内有一针，能左右旋，燥则左旋，湿则右旋，毫发不爽，并可预证阴晴。"

黄履庄发明的验燥湿器有一定的灵敏度，可以预

康乾盛世 起于康熙二十年平定三藩之乱，止于嘉庆元年川陕楚白莲教起义爆发，持续时间长达115年。历史学家们将"康乾盛世"称为辉煌，是因为他们觉得它在政治、经济、文化等诸多方面将我国传统社会推向了一个新的高峰，创造了我国历史的奇迹。

■ 早期的木轮马车

■ 清代望远镜

证阴晴，具有实用价值。这和欧洲后来的轮状气压表的原理相似。验燥湿器可以说是现代湿度计的先驱。

黄履庄的另一个发明是"验冷热器"，即温度计。据记载，"此器能诊试虚实，分别气候，证诸药之性情，其用甚广，另有专书。"只是验冷热器的说明书和实物都已失传，我们难以判断其具体原理和结构，估计是气体温度计之类的装置。

黄履庄还发明了"瑞光镜"，这种瑞光镜可以起到探照灯的作用。在我国，明末就有探照灯的记载，黄履庄的发明，对其有很大改进，他大大增加了凹面镜的尺寸，最大的直径达五六尺。

由于当时只能是蜡烛之类的光源，凹面镜的口径大，它所能容纳的光源也就大，这就使得人们可以提高光源强度，这样经过反射形成平行光以后，照在人身上就有"遍体生温"的感觉，亮度也大大增加了。欧洲人1779年才制成探照灯，比黄履庄又晚了近百年。

据晚清画家李放所著《中国艺术家徵略》称黄履庄：

作木鸟置竹笼中，能自跳舞飞鸣，声如画眉，清越可听。作水器，以水置器中，水从下上射如绵，高五六尺，移时不断。所作之奇俱如此，不能悉载。

■ 李放（1884—1924年），原名充国，一名放原，易名放，字无放，号词堪，一号小石，别号石雏等。奉天义州，即今辽宁义县人。清末藏书家、书画家。所辑《中国艺术家征略》包括金、石、丝、竹、匏、土、革、木、书画、天文、轮掖、装潢、雕刻、髹漆、杂技诸类。

黄履庄研制的奇器五花八门，比如：显微镜、千里镜、望远镜、取火镜、临画镜、多物镜、驱暑扇、龙尾车、报时水、瀑布水等，运用的知识涉及数学、力学、光学、声学、热力学、材料学等多种学科。

以"临画镜"和"缩亮镜"为例，当时曾有人进行描述："千里镜于方匣布镜器，就日中照之，能摄数里之外之景，平列其上，历历如画。"

为了发明这些机械，黄履庄特地制造了性能很好的弹簧，这些弹簧的性能虽好，但起初制造速度并不很快，为此黄履庄又造了一台专门生产弹簧的设备，能够批量制造弹簧，扬州附近的工匠闻讯纷纷前来索要，黄履庄十分慷慨，将弹簧免费赠送给他们。有了大批高质量的弹簧，他又能发明更多的奇器。

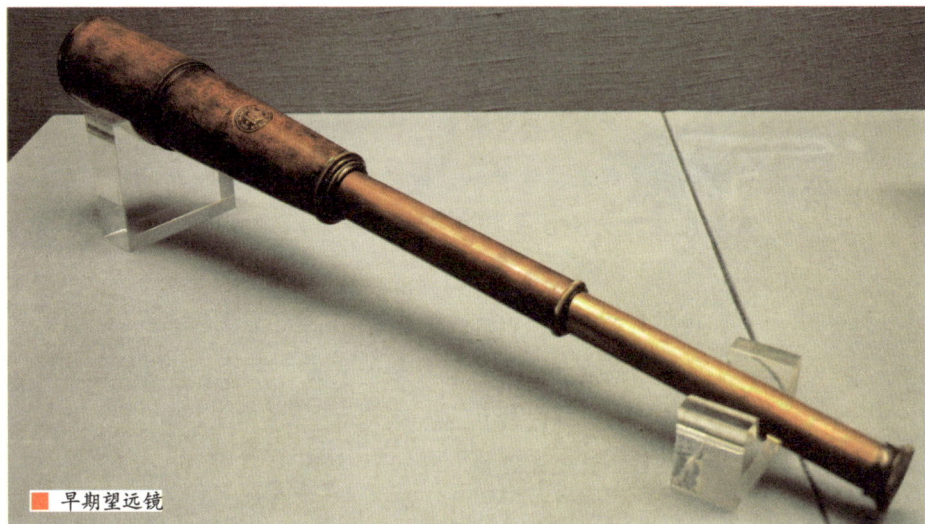

■ 早期望远镜

黄履庄的奇器发明不仅轰动了扬州城，而且远近闻名，消息一直传到了安徽宣城梅文鼎的耳里。梅文鼎是清代最著名的大数学家，他亲眼见到了黄履庄发明的奇器，十分赞赏。

除了梅文鼎外，总不断有人慕名前来拜访黄履庄，黄履庄不仅热情接待他们，还常把自己制作的一些奇器送给亲朋好友。其实，这也是他发明的奇器没有保存下来的一个原因，这是非常可惜的事情。

黄履庄的这些发明的具体情形，因其生平事迹见于文献记载者很少，我们已不甚了了。但有一点可以肯定：作为清初一位堪比爱迪生的发明家，黄履庄当之无愧！

发明巨匠

发明天工与创造英才

阅读链接

大数学家梅文鼎听到黄履庄许多发明奇器的传说，决定亲自到扬州登门拜访以探虚实。

一天他来到黄履庄的家门口，刚举手敲门，门边的一条狗突然原地站起来朝他大叫，梅文鼎不知所措。这时，来开门的黄履庄拍拍狗头，又在狗身上拨弄了一下，看门狗乖乖地躺下，也不再吠叫了。

梅文鼎大吃一惊，就问黄履庄："这不是真狗吧？"

黄履庄答道："这是我特制的木狗，有人来敲门就会站起来发出像真狗一样的叫声。"

梅文鼎顿时大开眼界。

精微计时仪器制造家齐彦槐

齐彦槐（1774—1841年），字梦树，号梅麓，又号荫三。生于清代徽州婺源，今属江西。齐彦槐是我国清代中叶著名科学家，他从事天文学和农田水利等方面的研究，卓有成就。他又精于科学、天文、地理和交通。他制造的"天球仪""中星仪"和"面东西日晷"精微至极，在当时的世界上处于十分领先的地位，时称为"千古以来未有之能事"。

天球仪与铜壶滴漏一样，充分体现了我国古代利用天象计时的特点，具有一定的民族性。中星仪至今仍存安徽省博物馆。

齐彦槐又能诗，尤其擅长骈体律赋，著有《梅麓诗文集》等。

■ 天球仪的制造者齐彦槐画像

齐彦槐年少时读书聪敏，下笔成章。1808年考举人获得了第二名，次年中进士。历任翰林院庶吉士、江苏金匮县知县、苏州府同知、知府。

　　在当时，欧洲钟表又返传回中国。齐彦槐借鉴欧洲钟表结构制作的天球仪等仪器，体现了我国古代利用天象计时的特点。

　　说欧洲钟表又返传回到我国是有根据的。早在宋代时期，苏颂曾发明了天球仪，英国著名科技史家李约瑟的书中记载：

　　苏颂把钟表机械和天文观察仪器结合以来，在原理上已经完全成功，他比罗伯特·胡克先行了6个世纪。

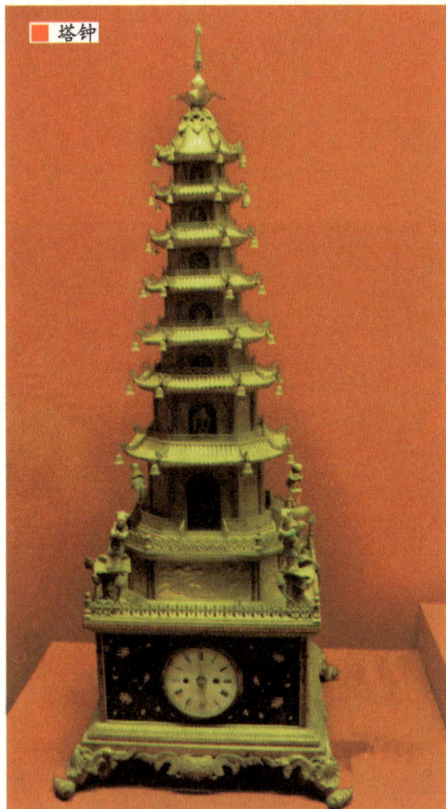

塔钟

　　12世纪以后，中国钟表技术传入欧洲，欧洲人才造出钟表，可以说是中国人开创了人类钟表史。

　　清朝中叶，欧洲钟表返传中国后，中国人对之进行的改进，体现了技术上的交流与互补，也在人类钟表史上谱写了新的篇章。

　　天球仪的球面上绘有亮星的位置、星名、星座以及几种天球坐标系的标志和度数。

　　天球可以绕一根贯穿圆球心的轴旋转，这个轴称为天轴，轴的两端与天球的两个交点称为南极和北极。带轴的天球被支撑在一个通过南北两极的金属子午圈上。

　　利用天球仪可以观察到任意指

齐彦槐制造的天球仪

定的时刻和地理纬度处的星空图像。由于观测者是在天球外看天象，因此从天球仪上看到的天象与从天空中看到的天象是相反的，但这并不影响天球仪的实用价值。

把钥匙放入天球仪上面的钥匙孔旋转，将天球内部装置的发条上紧，发条产生动力转动齿轮，天球旋转，即可了解天上星象位置和运行情况。操作方便，观察效果准确，为西方所未有，当时对此评价甚高，"诚千古以来未有之能事，精微之极至矣。"此天文钟现藏中国历史博物馆。

天球仪很有实用价值。天球仪普遍应用于航海、天文教学和天文普及工作。将天球仪放在一个座架上，架中的水平圆环代表地平圈。

使用者可根据地理纬度在子午圈上调节天极高度，并且能使天球绕极轴转动，从而看出在不同地理纬度上，在不同日期，不同时刻的星空景象以及某一天体的地平经度，即方位角，以及地平纬度，即地平高度。也可以显示出某一天太阳出没的时刻和方位、经天路径、中天时刻、高度和昼夜的长度。

故宫天球仪

162

发明巨匠
发明天工与创造英才

齐彦槐还制造了"中星仪"，又称子午仪，是观测恒星过上中天即过观测站子午圈的一种天体测量仪器。主要用于精确测定恒星过上中天的时刻，以求得恒星钟的钟差，从而确定世界时、恒星赤经和基本天文点的经度。

中星仪后经过不断的改进，由望远镜、目视接触测微器、寻星度盘、挂水准器、太尔各特水准器以及望远镜支座等部分构成。其功能更加全面，其作用无可替代。

齐彦槐还制造了日晷。面东西日晷，又称立晷，或斜晷，由晷盘、铜垂线、表针、底座四部分组成。齐彦槐所制斜晷，晷盘周边标有刻度，可移动，以适合观测地的地理纬度，且东西两面皆有刻度。

齐彦槐日晷的具体做法详载于张作楠于1820年著的《揣龠小录》中，详细论述了它的制作原理及使用方法，此书末尾有：

■ 古人使用的罗盘

古人发明的日晷

此齐梅麓所制也，其法遵御制《数理精蕴》作横表面东西日晷法。

张作楠强调，这座面东西日晷能随纬度不同进行调节，是其创新之处。

面东西日晷源于西方。明末清初西方传教士来华，带来了西方天文学。我国清代学者对传入的各种形式的日晷进行了吸收和再创造，形成了清代特有的丰富的日晷大家族。齐彦槐制造的面东西日晷，使作为传统天文计时仪器的日晷得到进一步发展。

以梅文鼎《数理精蕴》中汇通中西的工作为基础，齐彦槐的工作具有总结意义，他实际制作了一具可随纬度调节的面东西活晷。此晷虽是原由西方传入，但中国学者加进了自己的创造，因此和西方的差

张作楠（1772—1850年），字让之、丹邨，号丹村。浙江金华人。清代著名天文学家。所著若干种，总称《翠微山房数学》。博学多能，理阐程朱，学探河洛，精于算学。家富藏书，曾据家藏图书撰《翠微山房书目》。著《乡党小笺》《征文》《翠微山房数学》《笔录识小录》《愈愚录》《东郭乡谈》等。

异甚远。一件天文仪器的发展，成为明清时期汇通中西的历史见证。

除了天文仪器制作外，齐彦槐还在其他方面做了很多卓有成效的工作。比如他在为官期间，专心为民谋利，民称"齐青天"。为了抗旱，深入民间采访，创造了提水抗旱的龙骨车和恒升车。

此外，齐彦槐还以诗文书法鉴藏闻名于世，写有《衎斋书壁诗》19首、《梅麓诗文集》26卷、《海运南漕丛议》1卷、《北极星纬度分表》4卷，以及《天球浅说》《中星仪说》各1卷，均被收入《清史列传》中并传于世。

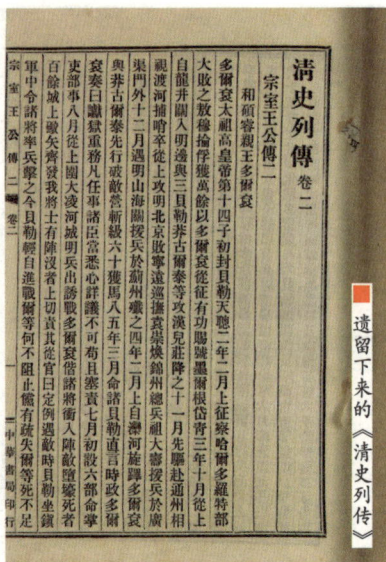

遗留下来的《清史列传》

发明巨匠

发明天工与创造英才

阅读链接

清朝统治者对西方天文地学产生了浓厚的兴趣，而乾隆又是一个热衷于文物收藏的皇帝。于是，他下令清宫造办处制作的玉器、牙雕等奇珍异宝，多得不计其数。

其中的金嵌珍珠天球仪，通高82厘米，工艺精湛，极具奢华。另外，这架天球仪的球壳里面实际是钟表的机心，在天球仪顶端一侧有3个钥匙孔，放进钥匙后经旋拧，天球仪就可慢慢旋转，生动地演示出天球仪星象活动的景观。这也是乾隆时期天球仪的一个新的发展。